学生工作品牌建设系列成果丛书

Construction and Evaluation System
of College Students' Work Brand

高校学生工作品牌
建设与评价体系

江超 依赛男 于洋 编著

经济管理出版社
ECONOMY & MANAGEMENT PUBLISHING HOUSE

图书在版编目（CIP）数据

高校学生工作品牌建设与评价体系/江超，依赛男，于洋编著 . —北京：经济管理出版社，2019.5

ISBN 978 - 7 - 5096 - 6617 - 3

Ⅰ.①高…　Ⅱ.①江…　②依…　③于…　Ⅲ.①高等学校—学生工作—研究　Ⅳ.①G645.5

中国版本图书馆 CIP 数据核字 (2019) 第 101448 号

组稿编辑：王光艳
责任编辑：李红贤　杜羽茜
责任印制：梁植睿
责任校对：陈　颖

出版发行：经济管理出版社
　　　　　（北京市海淀区北蜂窝 8 号中雅大厦 A 座 11 层　100038）
网　　址：www.E - mp.com.cn
电　　话：(010) 51915602
印　　刷：唐山昊达印刷有限公司
经　　销：新华书店
开　　本：720mm×1000mm/16
印　　张：11.5
字　　数：200 千字
版　　次：2020 年 10 月第 1 版　2020 年 10 月第 1 次印刷
书　　号：ISBN 978 - 7 - 5096 - 6617 - 3
定　　价：68.00 元

序

    高校学生工作品牌是建立在品牌管理基础上并经过长期实践逐步形成的具有示范性、稳定性、优质性和发展性的品牌项目。加强学生工作品牌建设，能够提升学生工作水平、凝炼特色亮点、总结思想政治教育规律和助力学生成长成才。实施学生工作品牌化，将其进行传播、推广与维护，形成品牌发展的战略机制，将会给学校和学生带来增值效应。

    党的十九大报告指出：要坚持就业优先战略和积极就业政策，实现更高质量和更充分就业。党的第十三届全国人民代表大会政府工作报告中提出：就业优先政策要全面发力，就业是民生之本，要确保不出现零就业家庭。教育部《关于做好 2019 届全国普通高等学校毕业生就业创业工作的通知》也指出，把"稳就业"放在突出位置，提升毕业生就业能力。

    学生工作品牌发展的内在机制，驱动高校要时刻关注就业校园需要，关注学生就业现状。接受理论认为，接受是教育活动中接受主体对外来的教育信息进行反应、选择、整合、内化而构成的一个严整的认识过程。根据马斯洛的需求层次理论，依据大学生的自我就业需求体系，通过塑造大学生自我追求的需求，实现学生有效管理自身行为，不断提升就业技能和竞争力。学生工作品牌的内涵发展与大学生就业需求形成了"同构效应"，两者协同发展的有效契合，更好地发挥了合力，提升育人质量。

    吉林师范大学学生工作品牌建设自 2014 年启动实施以来，品牌已经成为大学生思想政治教育工作的有效载体，品牌建设的实践和理论成果日益丰富，影响力持续增强。本书作为学生工作品牌建设的系列成果丛书，以吉林师范大学管理学院学生工作品牌建设项目——校园应聘实战"步职有我"为例，对品牌活动进行梳理和总结，使品牌活动更具科学性、系统性、实用性和示范性，加速了高校学生工作品牌化和专业化的发展进程，对于优化高校人才培养机制，提升学生就业实践能力，具有一定的理论参考价值和实践指导意义。

目　　录

第一篇　学生工作品牌相关理论

第二篇 学生实践感言与专家寄语

第一篇
学生工作品牌相关理论

第一章　学生工作品牌的创建

第一节　品牌定位

品牌定位指学校对具体的品牌在其价值取向及个性差异上的原则性决策。从理论上说首先是校园定位在先，其次是品牌定位，最后才是品牌原则性决策。

一、品牌创建的必要性

品牌定位的前提是品牌资源分析，它决定了创建品牌的决策是否可行，因此，品牌创建的第一项任务就是对学院现有的、与品牌创建有关的资源进行系统的梳理和分析。品牌资源的分析包括如下三个方面：

（一）人力资源分析

进行人力资源分析时，首先，审视学院现有的资源团队，是否具有充足的品牌运营能力；其次，对品牌运营的各个环节逐个甄选、布置，针对岗位职能进行对比；最后，配齐和优化运营队伍是品牌运营成败的关键。因此，对品牌运营队伍、现有营销队伍和现有品牌管理人才资源进行分析是品牌资源分析的第一步。详细地说，有以下三个方面：

1. 专业的品牌运作团队

专业化品牌运作团队是创建品牌的核心，一个优秀的团队至少应该具有以下三项关键能力：其一，较强的策划能力；其二，品牌战略规划及实施能力；其三，品牌危机应对与处理能力。这三项能力都是综合能力的体现，分别代表了品牌创建当中最重要的三个环节：战略制定与实施、校园策划与运作、危机的应对与处理，它们构成了品牌创建全过程的框架。

专业品牌运作团队的成员既可以从组织内部选拔，也可以从外部聘用，或者通过与其他学院的合作直接建立团队。无论选择何种方式组织和招聘成员，团队的运行与协作都是非常必要的，逐步形成具有高度凝聚力、创新力和执行力的团队将成为组织创建品牌的核心。

"步职有我"是吉林师范大学管理学院的学生工作品牌，经过五季的成功举办，已经逐渐拥有了富有经验的专业指导老师和学生干部团队，招募了全校优秀的选手参选。

2. 核心领导层

创建品牌是一个涉及所有部门和人员的系统性工程。强有力的核心领导层，正确的决策与指导，对品牌运行与科学发展起着重要的作用。

一个有利于品牌创建的核心领导层至少应具备三个特点：第一，开放的管理思想和开阔的眼界；第二，强有力的领导力和决策能力；第三，对学院和品牌的驾驭能力。

3. 全员的品牌管理意识

创建品牌不是一个人或一个团队的事，它是所有相关学生都必须参与的事，许多具体工作都涉及品牌的塑造。因此，培养品牌意识就成为在塑造品牌过程中不可或缺的环节。

(二) 品牌资源分析

在经典的品牌关系理论中，学院的品牌是创建整个品牌关系运动的载体，是品牌在校园环境中实现价值的体现。从选择好品牌入手，会使塑造品牌事半功倍。对品牌资源的分析，一般运用品牌组合的业务单元分析方法，即对已有的品牌进行充分整合，以品牌发展的需要为准绳，以是否与品牌内涵保持一致性为主要评价指标，对品牌进行排序，对符合品牌发展目标的方面优先予以支持。

(三) 校园的竞争力分析

如果校园内存有众多的品牌，且处在激烈的竞争当中，那么，若想在这样的校园内塑造一个新品牌是很困难的事，因为它留给新品牌的空间十分有限，我们经常用校园裂缝来形容它的狭小。

塑造新品牌需要相对有序的校园环境，需要能够容纳新品牌的校园空间。学院需要努力发掘校园内的有利资源，并进行细化分类。同时，要关注校园内的潜在学生客体，关注他们的需要，并分析能够进一步发掘的可能性。

二、品牌的定位策略

（一）品牌定位的概念

1. 基本概念

品牌定位是指学院或组织对其品牌在战略方向、文化取向及个性差异上的选择决策，它是建立一个与目标校园有关的品牌内涵的预先设计，能够实现并达到预定校园位置的路径。

2. 品牌定位与校园定位的关系

品牌定位是与 STP（校园细分、目标校园选择和校园定位）相连接的几个环节，与校园定位一致，是一个连续的完整过程。

具体来说，校园定位是学院针对目标学生做出战略愿景之后，为达到此愿景而选择的路径。品牌定位是在完成校园定位的基础上，采用什么样的品牌策略来满足目标学生或目标校园的需求。品牌定位是对校园定位的具体化落实，其以校园定位为基础，受校园定位结论的指导，但比校园定位更深入和细致。

品牌定位也可以看成是校园定位的一部分，在实施品牌优先发展战略的学院里，品牌定位就是校园定位的核心，它是这个学院发展战略的集中表现。要设计并塑造相应的品牌及学院形象，以争取获得目标学生的认同。由于校园定位的最终目标是实现品牌认同，而品牌是学院传播品牌相关信息的基础，是学生认同品牌的主要依据，因而品牌成为与学生连接的桥梁，品牌定位也就成为校园定位的核心和集中体现。在校园细分化和品牌差异化的基础上，进一步强化品牌识别的作用，以增强品牌竞争能力。

（二）品牌定位系统

一个完整的品牌定位系统由三个层次共同组成，分别是品牌内涵定位、品牌外延定位、品牌校园策略定位。每层定位的内容和作用都不同。品牌内涵定位是核心定位，具有相当强的稳定性。品牌外延定位是定位的主要表现，短时间内也较为稳定，但受到较大影响后也会发生某些调整。品牌校园策略定位是在前两者的基础上，以细分校园中目标学生的特点为对象，制定具体的方案以应对校园竞争，具有极强的针对性，针对一时一事、一物一地的具体竞争方式的定位，因而，品牌校园策略定位强调随机应变，与时俱进。

1. 品牌内涵定位

（1）品牌价值观定位。品牌内涵定位也指品牌价值观定位。品牌价值观定位是品牌基础的定位，体现品牌的价值取向，与其价值观相符的学生会对品牌产生认同感，并以联想的形式，影响工作需要的心理和工作需要的行为。

品牌价值观实际上是管理者用有关品牌的活动来表达自己对周围的客观事物的意义、重要性的总评价和总看法。一方面表现为价值取向和追求，凝结为一定的价值目标；另一方面表现为价值尺度和准则，成为人们判断事物有无价值及价值大小的评价标准。

品牌价值观一旦确立，便具有相对稳定性。但就管理者而言，由于人员更替和环境的变化，管理者的价值观念又是不断变化的。传统价值观念会不断地受到新价值观的挑战。对品牌关系中的诸多事物的看法和评价在管理者心目中的主次、轻重的排列次序，构成了品牌价值观体系。品牌价值观和品牌价值观体系是决定管理者行为的心理基础。品牌价值观定位的主要内容是建立符合品牌文化的价值观体系，要有明确指导管理是非的判断标准。

（2）品牌价值观的作用。品牌价值观对管理者自身行为的定向和调节起着非常重要的作用。它决定学院的自我认识，直接影响和决定学院的管理思想和追求方向。品牌价值观的作用大致体现在以下两个方面：

其一，品牌价值观对学院的管理有导向的作用。管理者的价值观支配和制约着他的管理风格，对其管理模式有着重要影响，一旦形成独特的品牌价值观，管理者本身的言行也都会受到它的影响和制约。

其二，品牌价值观对学生工作需要的动机有很大影响。在同样的客观条件下，具有不同价值观的人，其动机模式不同，产生的行为也不相同。品牌价值观依据这一原理深刻影响着学生。

2. 品牌外延定位

品牌外延定位包含了两重含义，即品牌的管理理念定位与管理风格的定位。

（1）品牌管理理念定位。品牌管理理念定位是对品牌内涵定位的具体化，突出了品牌的价值取向和意义，该定位是使品牌管理能够把握目标人群的工作需要的心理和工作需要的习惯，使品牌管理的习惯和学生接受的工作需要的习惯在根本上保持一致，塑造一种以品牌观认同为基础的品牌管理理念。

品牌管理理念定位的内容直接影响到品名与品质的设计和实效，是未来所有品牌管理活动的指导原则。

（2）品牌管理风格定位。品牌管理风格定位是指与品牌管理有关的所有人员的管理水平、管理特点和管理风格的定位。反映在品牌运营过程中，是指品牌被人格化以后具有的品牌个性与风格定位。

品牌管理风格定位包括了品牌的视觉识别和行为识别定位、形象定位，以及文化定位等，是品牌外延定位的另一重要方面。

3. 品牌校园策略定位

品牌校园策略定位就是以细分校园中目标学生的特点为主要研究对象，结合品牌的内涵定位与外延定位，制定具体的校园竞争方式定位。

4. 品牌定位的作用

品牌定位是品牌与品牌所对应的目标人群建立的各种内在联系。因而，对品牌的定位实际上是寻找和预设目标人群能够接受的工作需要的诉求。

品牌定位是学院总体战略的组成部分，充分体现品牌的独特个性和差异化优势，其作用归纳起来有如下三点：

（1）在实务中经常表现为品牌的核心价值观。品牌核心价值观是一个品牌的灵魂所在，是学生认同一个品牌的主要原因。它是品牌定位中最重要的部分，与品牌识别体系共同构成了品牌的独特定位。

（2）与学生建立长期的、稳固的关系。当学生可以真正感受到品牌的优势和特征，并且被品牌的独特个性所吸引时，品牌与学生之间建立长期的、稳固的关系就成为可能。

（3）为学院的品牌开发和营销计划指引方向。确定品牌定位可以使学院实现其资源的聚合，品牌开发从此必须履行该品牌向学生所做出的承诺，各种发展计划不能偏离品牌定位的指向，学院要根据品牌定位来塑造自身。

（三）品牌定位程序

品牌的定位不同于抽象的校园定位，也不同于具体的品牌定位，品牌定位的抽象程度介于两者之间，因此它的定位有其独特的程序，即从抽象的核心价值到具体的诉求点选择，贯彻一个从抽象到具体的过程。

越抽象的理论就越会被普遍地运用，抽象的核心价值观会在整个品牌运作中体现出来，不仅仅局限在品牌定位程序中。作为品牌定位的首要条件，品牌定位程序是将学院的核心价值观浓缩在品牌方面，将最为抽象的学院管理理念，进一步具化为品牌的核心价值，这是学院管理理念与品牌风格的统一。

在确定了品牌的核心价值之后，品牌定位进入了下一个重要的步骤，即品牌竞争目标的确认。这是将品牌核心价值进行充分演绎的过程，同时也是将抽象的价值观具体化的重要步骤。然后，对可以进行演绎的方向进行分析，优选其中有优势、有可能的方向，放大并将其目标具体化。这一过程充分体现出品牌所有者的社会责任感和价值观，以及品牌管理的思路，对今后品牌实务有程序化的指示作用。

品牌的定位具体表现在两个方面：一是诉求定位；二是策略原则。前面的两步都是为了清晰品牌诉求与品牌策略原则。优选品牌诉求是品牌定位理论的具体化，品牌策略原则是品牌定位实务的具体标准。两者共同构成完整的品牌定位。

综上所述，品牌定位按照如下四个步骤展开：

第一步，分析该品牌的核心价值。依据品牌定位确定品牌核心价值。品牌的定位一定不能偏离品牌的核心价值，优秀的品牌核心价值应该能够体现品牌所有者的社会责任感和价值观。

第二步，品牌竞争目标确认及核心价值的演绎。品牌定位的目的是尽可能地避开竞争者所带来的冲突。在具体确定学院品牌位置时一定要分析竞争品牌在学生脑海中的现有位置。在了解竞争者的基础上，运用具体的营销策略，结合自身的资源情况确立明确的品牌价值理念。除此之外，学院并不能直接实现其价值观的传播，优选演绎方向是品牌定位中重要的步骤。

第三步，优选品牌诉求点。在确立了核心价值及其演绎方向之后，其他定位都要建立在自己的优势诉求点之上，品牌所有者即可优选品牌在营销中的品牌诉求点。此阶段的品牌诉求表达已经不再是抽象的概念。

第四步，品牌策略原则的形成。完成品牌理念从抽象概念到具体的操作过程。对原则的具体化是以后对品牌进行传播与应用的基础。应用与传播必须遵循这一阶段形成的各项品牌策略原则。

品牌策略原则的形成标志着一项品牌定位的完成。当然这些原则也不是一成不变的，适时地修改原则以适应环境的变化也是必须的。

品牌定位会有两种具体的形式来影响品牌管理。一是具体的执行目标和选择。目标人群定位、品牌档次定位等，都是具体的目标与选择定位。二是与品牌管理的相关原则。如广告媒体选择的原则、品牌危机处理的原则等，很多优秀的广告设计或公共关系活动就是基于品牌定位而来的。这类定位表现得并不具体，只是对预计发生的管理步骤提前做出预见性的分析和处理原则的安排。

一套完整的品牌定位体系包含了品牌价值观的确定，品牌管理理念和管理风格的确定，以及校园策略定位。尽管所处层次不同，但都围绕着品牌关系展开。品牌创建之初只有品牌价值观的确定，其余的定位和设计都是在长期实践中慢慢积累和丰富起来的。

品牌内涵定位的分类是依据品牌要素而来的，对所有创建品牌所需的要素逐一安排确定的过程就是品牌内涵定位分类的基本框架。依据每个要素的特点，结合学院实际，制定出科学的品牌内涵。

（四）品牌定位类型

如果确定品牌因某种属性或类别而具有明显的差异化优势，难以模仿但学生又很重视这种属性，那么，学院可以考虑采用品牌属性与类别导向型定位策略。品牌属性与类别导向型定位指以品牌属性或类别为定位起点，全面思考品牌构成，并使其成为品牌构成要素的主导，整个品牌定位策略看起来就是在品牌身上做文章，渐渐地使品牌成为品牌的代名词。具体分为以下几种：

1. 学院导向型定位类型

学院导向型定位类型是指学院发展品牌的思路依据学院发展的阶段或学院的特殊性而展开。每个学院发展的路径都不尽相同，确定自己发展品牌的思路也需要结合自身的条件，尤其是需要结合学院发展的状况和特殊性。这类品牌策略定位表现为对品牌核心观念一致性控制的不足，频繁地变化自己的核心价值观，使得学生的认识无所适从，这样的品牌很难深入人心并持续性发展。

2. 学生导向型定位类型

如果品牌定位是参考学生对品牌或品牌诉求的能力，则属于学生导向规定位类型。有些学院通过对品牌诉求进行品牌宣传，但因为品牌诉求很复杂，不易于学生的理解和传播，所以，为了便于学生的理解和记忆，一般会将这些诉求整理成一个通俗易懂且有吸引力的新词汇，从而引发学生对其诉求的联想和兴趣。

3. 校园竞争导向型定位类型

校园竞争导向型品牌定位的策略，是指学院比较重视校园内的其他竞争者的定位，参考其他竞争者的定位策略并有意使自己的品牌在竞争中处于独特的有利地位，以便获取竞争优势的定位策略。

这种品牌校园策略的定位完全基于竞争对手的品牌策略，有时是回应式的，有时甚至是回击式的。这种定位可能是针对一轮竞争，也可能是针对一个品牌或一组观念。

第二节 品牌名称与标识设计

一、品牌名称设计

在品牌形象系统中的名、图、字、色四要素中，品名是首位。确立品名识别，对于品牌塑造而言是很重要的一步，深入了解名称以发现做出该选择的理由是十分必要的。这其中的道理，正如西方谚语所说的，"名称预示着一切""好名字预示着好的开始"。

（一）品牌品名的设计综述

一般来说，一个品名有两层含义。第一层含义是指"用以识别"功能的品牌名称，是品名的基本含义层，商标名称是与品名最为接近的法律词汇，两者的识别功能是一致的，只是适用的范围有所不同而已，有关商标的理论完全可以适用于品名的初步设计。当品牌名称得到学生的广泛认知，产生了品牌关系后，品名就有了第二层含义，即品牌品名。这时的品牌品名与商标名称是完全不同的两个概念，品牌品名具有深刻的内涵。一般来说，提及商标名称是指商标名称的标准，提及品牌品名一般是指品牌品名的设计，属于品牌的符号或形象识别系统。

在品名设计实践当中，品名的设计是艺术性最强的环节，有很大的发挥空间，也正因为如此，品名设计的实践者存在良莠不齐的现状；不能科学、系统地设计品名，成了许多品牌在发展初期就存在着的隐患。尤其是在跨文化的品牌传播过程当中，因品名设计引发文化冲突而导致品牌推广失败的例子更是不胜枚举。

品名设计有两种倾向，在品名设计的实践中有极大的危害性。一个倾向可以是艺术论，即认为品名设计是艺术的发挥，很简单很容易，只要把握住品牌的内涵，对其进行艺术加工，符合文化背景的要求，被学生认可，这就是好的品名，自然而然，这个设计也是成功的。其实不然，品名的设计除了要求艺术的发挥，还要求科学的指导，其过程并不复杂，但却很难把握。另一个倾向是运气论，认为品名设计根本无规律可循，品名或品牌的成功都是运气好而已。这两种论调对实践都是有害的，客观地讲，品名设计是艺术的，同时也是科学的，两者不能偏废，品名设计的成功有运气的成分，但也不是完全受运气所支配的。

（二）品牌品名设计的原则

总结以往有关品牌品名的设计理论和经验，可以归纳出设计品牌品名需要遵循的五大原则，即易于传播的原则、易于联想的原则、易于延伸的原则、适应性的原则和品牌品名保护的原则。

1. 易于传播的原则

易于传播原则是创造品名的核心，由易识别、易口传、易记忆几个要素共同组成，最终达到易于传播的目的。

（1）易识别。一个品名越长越难记忆，但这也并不是说越短就越好，名称太短其识别也越发困难，因为内涵越小外延就越大。

（2）易口传。从心理学的角度讲，易口传的品牌品名字数不应该超过 4 个，超过 4 个字的品名被传播的可能性会迅速递减。而且在选择用字时尽量不用生僻字或谐音字，因为越难传播的名词，其宣传成本就越高。吉林师范大学管理学院在学生工作品牌的命名中使用了"步职有我"四个字，不仅易口传，而且还很形象地诠释了其学生工作品牌对于学生求职和就业的作用。

（3）易记忆。记忆在学生的心理活动中起着极其重要的作用。实际上，这不仅发展、深化了认识过程，而且把认识过程与情感过程联系起来。

人类视觉系统作为传播系统的一个渠道，在特定的时间内，分析和传递的信息比大脑接收和记忆的要多得多。因此，在这样的传播系统中，系统所能接受的强度在很大程度上要取决于大脑的存储能力。在短暂呈现的条件下，大脑能接受的数量至少 6 个，至多 9 个，平均为 7 个。也就是说，在刺激的数目超过 7 个的场合下，大脑适时所接受的量一般是 7 个。

2. 易于联想的原则

一个优秀的品名是能够引起学生联想的品名。要想使学生朝着设计好的方向联想，就需要在品名设计时遵循易于丰富联想的原则。这需要设计品名的内涵，有丰富内涵的品名更易于联想。

（1）联想。联想在学生的心理活动中占有重要的位置，因此，在校园活动中，尤其是在品牌的品名和徽标设计之中，必须考虑联想的作用。

人所处的环境是由无数客观事物构成的客观世界，而客观事物之间又是相互联系着的，事物之间的不同联系反映在人脑中，就会形成心理现象的联系。这种由一种事物的经验想起另一种事物的经验，或由想起的一种事物的经验，又想起另一种事物的经验就是联想。

巴甫洛夫的条件反射说认为，联想是神经中已经形成的暂时联系的复活。"暂时神经联系乃是动物界和人类本身一般的生理现象，而且它同时又是心理学者称为联想的心理现象，两者完全是相互融合、彼此互为吸收并完全是同一种东西"。因此，人们也把条件反射的建立说成是联想的形成。

"步职有我"的名称很形象地展示了使学生接受培训迈向职场的含义，设计的标志也是一位身着正装的大学生迈向职场。

（2）联想律。古希腊的亚里士多德认为，一种观念的发生必然伴以另一种与它类似的，或相反的，或接近的观念的发生。这种在空间上或时间上的接近、对比和类似的观念的联系，被称为三大联想律，即接近律、对比律和类似律。

接近律是指在时间或空间上接近的事物容易引起的联想，例如，火柴与香烟的联想。对比律是在性质或特点上相反的事物容易引起的联想，例如，白天与黑夜的联想。类似律是在形貌和内涵上相似的事物容易引起的联想，例如，鸡与鸭的联想。

在三大联想律的基础上，后人又补充了因果律，所以，现在就有了人们所称的四大联想律。所谓因果律，是指在逻辑上有着因果关系的事物容易引起联想，例如，潮湿与下雨的联想。

（3）联想律在品名设计中的应用。在品牌设计中，一个基本事实是：品牌主题需由语言文字和图形才能成为可视、可听和可读的品牌作品。人们所说的联想在品牌设计中的运用，主要通过语言文字和图形实现。

现代品牌管理当中，人们很容易发现四大联想律的利用。例如，每到节日来临之前，无论是西方国家的圣诞节还是中国及东南亚国家的春节，围绕着过节为主题的广告明显增多。这是利用接近联想律的典型示例。实际上，任何品牌都可能同一定的对象在时间、空间上有联系。为了充分说明用特定商品给人们带来的效用和好处，品名设计常使用对比的手法。

在吉林师范大学中，一想到求职招聘就联想到管理学院的"步职有我"的活动。从而形成一种校内的品牌效应。

3. 易于延伸的原则

易于延伸的原则，简而言之就是品名联想能顺利地扩展到其他品牌上。一个优秀品牌的品名设计既要符合品牌定位和品牌定位，也要兼顾今后管理发展的需要。

品牌延伸是介于新品牌线增加和新品牌增加战略之间的一种发展战略的选择。一般认为，品牌延伸是指将一个著名品牌或某具有校园影响力的成功品牌使用到与成名品牌或原品牌完全不同的品牌上。品牌延伸能力是决定品牌价位实现与否的最为重要的组成部分，同时，品牌延伸在品牌实践中的应用也最为常见。以美国为例，在过去 10 年新上市的品名中，有 95% 是属于品牌延伸的，采用新品牌推出新品牌的比例只有 5%。因此，在设计品名阶段就考虑品牌延伸的问题是十分必要的。

品牌是否可以用于延伸，主要取决于品牌是否具有联想度，在创建品牌的过程中，达到联想度要求之后的品牌就具有了可以被延伸使用的能力。一个品牌是否能够达到联想度又取决于该品牌品名设计时是否考虑延伸并有所安排，否则，一旦不具有联想度，该品牌在后期将会失去延伸的能力，且无法弥补。因而，在品牌品名设计时就必须为品牌未来的延伸进行设计，遵循可延伸的命名原则。

4. 适应性的原则

适应性是指品名的使用能够适应时间、空间以及学生的变化。品名设计要求：在时间上，不能有过强的时代特征，因为时过境迁后品名会随之显得陈旧过时；在空间上，要注意地域差异容易引起的文化冲突，还要尊重各地区学生不同的工作需要的文化和习惯。此外，品名适应性还包括如下几个方面：品名的设计选择遵循与学院的管理风格相适应的规律；品名的设计应当与品牌及所处行业相适应；品名要与目标学生的心理相适应。

5. 品牌品名的保护

一般认为，注册商标是对品牌品名最可靠的保护，及时进行品名注册是对品牌法律形式上的保护，以至于大多数学者将商标视为法律层面对品牌的诠释，认为商标具有的可保护性是品牌传递有保护的法律依据。这一认识当然没有错，但是商标与品牌的关系还远不只这么简单。商标可以作为品牌传播的基本符号或图形，符号与图形的重要性不在于从它们的外观形象辨明品牌，而是通过品牌与它们之间，及它们的内在联系增强品牌被识别的能力。商标和品牌的本质区别在于如下三点：

其一，商标是管理前注册的，学院在获得校园认可之前就未雨绸缪，商标经过国家管理机关的审核，获得法律对未来受益权的保障而进行注册，注册即生效。品牌是获得校园认可之后方可称之为品牌，仅有商标的注册而没有校园的认可是不能成为品牌的。

其二，商标是依靠国家强制力对私有物品排他性和竞争性的保护，而品牌只能依靠商标保护其排他性，品牌的竞争性则要依靠品牌自身在校园中的影响力来实现。

其三，品牌概念广泛，与之相关的有商务部认可的老字号，国家质检总局认可的地理标志、原产地名称，国家知识产权局认可的集体知识产权等概念，涵盖了从个人信用到国际形象的广泛概念。商标只是国家工商总局的管理范畴，尽管商标概念的泛化使得品牌与商标在外延上越来越接近，但是商标与品牌在本质上的区别是难以依靠泛化来模糊填平的。

因此，对品牌品名的保护靠两个方面来进行：一方面，积极地运用法律的手段保护品牌品名的所有权和使用权；另一方面，还要依靠校园的认可，建立起强大的品牌影响力，依靠学生的忠诚自发形成对品牌品名的保护。

二、品牌徽标设计

徽标是人们在长期的生活和实践中形成的一种视觉化的信息表达方式，具有一定含义并能够使人理解的视觉图形，有简洁、明确、一目了然的视觉传递效果。它是一门实用性很强的专门学科，涉及心理学、美学、色彩学等领域。在生活实践中经过提炼、抽象与加工，集中以图形的方式表现出来，并且表达一定的精神内涵，传递特定的信息，形成人们相互交流的视觉语言。徽标作为一种识别和传达信息的视觉图形，以其简约、优美的造型语言，体现着品牌的特点和企业形象。

一是识别性。识别性要求必须易识别、易记忆。这就要做到无论是从色彩还是构图上一定要讲究简单。

二是特异性。所谓特异性就是要与其他的 LOGO 有区别，要有自己的特性。否则设计的 LOGO 都一样。

三是内涵性。设计 LOGO 一定要有它自身的含义，否则就算做得再漂亮、再完美也只是形式上的漂亮和完美，没有一点意义。这就要求 LOGO 必须有自己的象征意义。

吉林师范大学管理学院"步职有我"的徽标设计中，一位身着正装的应届毕业生，拎着公文包，迈向招聘专员，很形象地说明了活动举办的目的和名称。

第三节 品牌运行机制

一、品牌推广战略

（一）传播的定义

1947 年，施拉姆在美国伊利诺伊大学成立了第一个传播研究所，标志着人类对于传播科学研究的开始，并给出了最初的传播含义，他认为，传播就是对一组告知性符号采取同一意向，这个定义强调了传播的信息共享性，通过传播共同享有一则信息、一种思想或态度，目的在于建立彼此之间认知的共同性。后来传播理论受到了心理学发展的影响，其定义也发生了变化。美国实验心理学家霍夫兰认为，传播是某个人（传播者）传递刺激（通常是语言的）以影响另一些人（接受者）行为的过程，强调了传播是有意图地施加影响，尤其是指甲方传递信息给乙方时，希望或要求乙方相信、接受并采取相同态度，而乙方原先并没有这种意向。最后，由美国传播学者贝雷尔森等完成了传播学的理论体系，并给出了一个较新的定义："运用符号——词语、画片、数字、图表等传递信息、思想、感情、技术等。这种传递的行为或过程通常称作传播。"

（二）有关传播过程的理论和传播模式

1. 基本概念
（1）反馈。意指传播过程中的接收者对收到的信息所做出的反应。
（2）传播单位。每一个传播的参加者，无论个人还是团体，都可看作传播单位，都兼有传者、受者这两种身份。

（3）编码和译码（或解码）。编码：认知——表述过程，就是把看到、听到、想到的意思化作符号。译码：表述——理解过程，就是把符号还原成意思。

（4）基本群体。基本群体也叫初级群众、首属群体，指家庭、邻里、亲密伙伴等。

（5）参照群体。个人未必置身于其中，但以其为参照系而建立或改变自己的信念、态度和行为的群体。

2. 传播过程的基本模式

传播过程即传播现象的结构、要素和各个要素之间的关系。美国学者戴维伯洛透彻地分析了传播的全过程，得出了三个主要结论：①传播是一个动态的过程，无始无终，没有界限；②传播过程是一组复杂的结构，应将其中的多元关系作为研究的基本单位；③传播过程的本质是变动，即各种关系的相互影响和变化。此外，他还提出"SMCR"（信源—信息—通道—受播者）的传播过程模式，并强调了研究的重要性和科学性，这是对传播过程最为经典的解释。

（1）线性传播模式。传播是一种直线、单向型的过程。从传播者开始，经信息、媒介、受传者到传播效果结束，没有受传者的反馈，也看不到其他各要素之间的关系。拉斯韦尔在传播学史上第一次分解传播过程，即传者、受者、信息、媒介、结果（简称"5W"），第一次为传播学理论建立了理论构架，被称为传播学鼻祖。布雷多克在"5W"的基础上增加情境与动机，形成"7W"。

（2）控制论传播模式。以控制论为指导思想的传播过程模式。"双向循环性"引入反馈机制，更准确地反映了现实传播过程。主要贡献为，变单向直线传播为双向循环传播，增加了反馈，更客观、准确地反映了现实中的传播现象。其缺陷是易产生误解，似乎各传播单位之间传播、接受的地位、机会完全平等；其循环性的表述也易让相关者产生误解。

（3）社会系统传播模式。解决传播条件（外部结构）的问题。其主要贡献是它不同于线性模式和控制论模式着眼于解决传播的要素（内部结构），而是着眼于解决传播的条件（外部结构）。赖利夫妇最早把传播过程明确地描述为社会过程之一，并把它们置于总的社会过程中加以考察。在传播过程中更要重视个人外部环境（包括群体）的影响。

归纳起来，传播模式研究分为三大类，也是三个阶段：线性模式、控制论模式和社会系统模式。

（三）传播学的研究对象

第一，按信息传播的范围大小，传播学可分为五个研究层次，即自我传播、人际传播、群体传播、组织传播和大众传播。

第二，按传播学自身的结构可分为三个研究层次：理论、模式、研究方法（定量、定性）。

第三，按不同领域可划分为纵向或横向的研究层次和研究重点。纵向研究主要有：古代传播思想的整理与分析、近现代传播事业的演变等。横向研究有研究与信息处理有关的理论和技术性问题等。

第四，传播学研究可分为宏观研究和微观研究两个层次。

一般的传播理论研究都是按照第一种分法，即依据信息传播的范围大小来划分传播的研究对象。其中，自我传播是指每一个人本身的自我信息沟通。狭义的人际传播是指个人与个人之间面对面的信息交流，广义的人际传播包括群体传播和组织传播。群体传播，即团体传播，指人们在群体范围内进行的信息交流活动。组织传播是指一种有组织、有领导、有计划、有一定规模的信息交流活动。大众传播是指传播组织通过现代化的传播媒介，即报纸、广播、电视、杂志等，对极其广泛的受众所进行的信息传播活动。大众是指分布广泛、互不相识的广大受众。

大众传播的特点和一般人际传播相比有很多不同，主要表现在如下五个方面：

其一，它需要借助特定的传播媒介传递信息，这些媒介的特性不相同，统称为大众传播工具。

其二，大众传播所传递的信息是公开的、面向社会的；受众则是大量的、匿名的、各不相干的。

其三，大众传播基本上是信息的单向流动受众是不知其名的，来自受众的注意和反馈也是有限的、滞后的。

其四，现代科学技术特别是电子技术的飞速发展，使大众传播的信息传递更为快捷与广泛。

其五，大众传播的内容多半是由组织（传播机构）和职业传播者发布，而不是由个人发布。

此外，大众传播还具有不具有强烈的选择性等其他特征，也是品牌传播中经常出现的现象。品牌传播有大众传播和自传播两种类型，因而在品牌传播研究当中，多以这两种传播类型的视角来审度品牌传播现象。

二、构建品牌运行机制

（一）品牌战略的概念

战略、学院战略、品牌战略是一连串相关的概念。要理解品牌战略，首先搞清什么是战略和学院战略。

战略是一个军事学术语，指对战争全局和未来的谋划；学院战略是把战略的概念移植到学院活动管理领域里，它是指关于学院活动全局和未来发展的谋划。学院战略管理的实践和理论，首先产生于发达国家的学院中，形成于 20 世纪 60 年，在美国一批管理学家的研究和推广下，逐渐成为系统的管理理论。彼得·德鲁克在其所著的《管理实践》一书中提出了战略问题。他指出，"战略的核心是明确学院的远期目标和中期目标，以目标来指导管理，度量学院绩效"。钱德勒撰写的《战略与结构》一书，为学院战略下了这样的定义，"学院战略就是决定学院的长期目的和目标，并通过管理活动分配资源来实现战略目的"。安德鲁斯认为，战略是目标、意图或目的，以为达到这些目的而制定的主要方针和计划的一种模式。这种模式界定着学院正在从事的或者应该从事的管理业务，以及界定着学院所属的或应该属于的管理类型。1980～1990 年迈克尔·波特先后出版的《竞争战略》《竞争优势》和《国家竞争优势》被誉为"战略管理三部曲"。他认为，"战略是学院为之奋斗一些终点与学院为达到它们而寻求的途径的结合物"。安索夫在其出版的《学院战略》一书中提出，"学院战略就是决定学院将从事什么事业，以及是否要从事这一事业"。

学院品牌战略是进入 21 世纪后逐渐明确的独立概念。大卫·艾格认为，一个学院的品牌是其竞争优势的主要源泉和富有价值的战略财富。在他编著的《管理品牌资产》一书中，通过深入细致地研究品牌现象，阐述了品牌资产所包括的品牌认知度、品牌忠诚度、品牌知名度、品牌美誉度和品牌联想度五种基本资产，引用了诸多学院的案例，表明如何通过依次创建、培育和利用这五种品牌资产，来从战略上管理品牌。大卫·艾格的《管理品牌资产》《品牌组合战略》与《创建强势品牌》被称为"品牌战略管理三部曲"。

简而言之，品牌战略就是运用战略管理的方法对品牌进行规划和实施，其目的是在内外部环境不断变化的情况下，明确一个学院的根本品牌方向和基本活动范围，进而通过对资源的战略性配置来获取持续性的品牌优势。

（二）品牌战略运营在学院战略中的地位

毫无疑问，品牌战略是学院战略的组成部分。在学院战略体系中，品牌战略属于职能战略，与学院的总体战略相区别。

可以看出，在学院战略体系中，品牌战略是一种职能战略，它要服从学院总体战略所确立的目标和总体战略规划。从系统的角度来看，品牌战略管理是学院战略管理的子系统，它要服从学院总体战略，同时要与其他职能战略相协调。在近年来的研究中，也有人认为品牌战略是学院战略中的核心战略。这种看法并不改变品牌战略在学院战略中的地位，但是突出了品牌战略对于整个学院战略的决定性作用。

（三）品牌战略在学院管理中的作用

20 世纪 80 年代以后，世界经济在新技术革命的推动下，迅速向全球一体化的方向发展，面对全球学院的竞争，各学院管理环境变得更加复杂，未来的不确定性和管理风险使学院把战略研究和战略管理置于管理的首要任务。随着学院战略管理研究的深入，品牌战略日益被人们所重视，品牌战略管理逐渐成为学院管理中的重要研究课题。

第一，品牌战略在学院管理系统中处于核心地位。学院管理可以被看成是复杂的系统，其形式也是随着管理重心的变化而变化的，从最初的以品牌管理为中心的学院品牌管理系统，到以营销为中心的学院营销管理系统，一直发展到今天的以品牌资产管理为中心的学院品牌管理系统，品牌管理贯穿学院管理的全过程。人们把品牌定位为学院管理、校园营销等管理活动的基础理念，以品牌资产是否增值作为判断管理决策是否正确的标准。

第二，品牌战略是学院实行差异化竞争战略的主要手段。人类社会逐步进入商品社会，形成现代校园经济；同时，竞争也越来越激烈，绝对的质次价高和价廉物美很少见了，校园经济中更多见到质高价高、质次价低的竞争，为了获得相对竞争优势，品牌被作为实现学院差异化的战略工具，已经发展成为具有相对独立的管理对象而存在，并成为现代校园营销的主要工具之一。美国营销学家菲利普·科特勒认为，品牌是一种赋予学院或品牌独有的、可视的、情感的、理智的和文化的形象，其目的是要使自己的品牌或服务有别于其他竞争者。

品牌差异化定位是品牌战略的组成部分，通过学院有意识地建立品牌功能性或情感性差异，把自己的品牌与竞争品牌的品牌相区别，并且把这种区别变成品牌的竞争优势。

第三，品牌战略是学院争取长期稳定用户的主要工具。在商品生产和认同活动中，由于从事同类品牌或服务的学院很多，而各学院的技术水平不同，因而对用户的服务方法也不尽相同；有的学院因重信用、质量好而赢得了良好的声誉，有的学院目光短浅，质次价高，渐渐了失去顾客。前者的品牌随着时间的推移被人们肯定而不断重购，甚至形成口碑，赢得声誉，这个品牌就有了知名度、信誉度和顾客的忠诚度。学生或用户通过对品牌的使用而感到满意，就会围绕品牌形成工作需要的经验，存储在记忆中，为将来的工作需要的决策形成依据。学院通过品牌战略的实施就会获得长期稳定的用户。

第四，品牌战略可以扩充学院无形资产的价值。学院的无形资产除了技术类资产以外，很重要的就是品牌。

第五，品牌战略可以提高学院整体的管理水平。很多事例证明，一个成功品牌形象的塑造绝不是单纯地对品牌进行宣传就够了，实际上涉及学院管理的所有重大战略决策，只不过这些重大战略决策都要自觉地围绕品牌来进行。可以说，品牌是学院管理水平的综合反映。例如，中国著名家电学院青岛海尔的管理体系中，始终是以品牌战略为核心来构建其他的管理战略。海尔集团从一个亏损 147 万元的小厂，经过十几年的奋斗成为一个国际知名的大型学院集团，年营业额从 1984 年的 384 万元增长到 2001 年的 600 亿元，业绩增长了 1 万多倍，并保持每年 80% 的平均增长速度。

（四）品牌战略运营管理的特点

1. 长期性

品牌战略着眼于发现和解决长期的品牌发展问题，是一项长期且复杂的管理活动。

2. 全局性

品牌战略管理过程涉及学院资源、竞争能力、内部管理等方面，并直接影响到企业管理的各项管理决策。

3. 竞争性

品牌战略管理的目的是试图使一个学院获得某种重要的、独特的和持续的品牌优势，并使其利益性和竞争性的目的明确。

4. 稳定性

品牌战略在一段时间内应保持相当的稳定性，应避免过多较大幅度的变化。

5. 现实性

品牌战略应与所处的外部环境相适应，与所支配的内部资源相匹配。

6. 风险性

学院需面临非常复杂且具有高度不确定性的管理环境，品牌战略也不可避免地面对极高的风险。

7. 创新性

品牌战略的核心就是品牌内涵发展的创新，应建立或扩展学院的资源和能力来创造机会或利用它们创造新的价值。

第二章 学生工作品牌的发展战略

第一节 品牌知名度打造

学生工作品牌发展的内在机制，驱动高校要时刻关注就业校园需要，关注学生就业现状。要打造品牌活动的知名度，就需要借助多种媒介传播学校的办学理念、品牌定位、教学特色、专业设置、学生就业等方面，优先塑造良好的学校形象，着力塑造优质的品牌活动形象，让师生和社会学院对品牌活动有所了解和熟悉，进而提升品牌活动的知名度。

一、打造品牌网络信息化

打造品牌信息化网络，依托互联网和移动终端的功能来实现品牌营销。主要有电子网页、学校网站、博客、微博、微信等方式。信息化网络营销的受众是多方面的，有学生、家长、教师、媒体、政府、用人单位、投资主体及群众组织等。网络因其便利性日益受到青年群体的喜爱。

有效利用网络，增进学生及家长与学校的距离。家校合作形成合力，共同打造学生工作品牌精品项目，不断提升学生的就业质量和就业层次。设置微信公众号，定期推送品牌相关的咨询，求职技巧和相关资料。开通官方微博，并在微博上及时更新就业信息，及时回复家长和学生的留言。利用网络调查了解参赛选手和毕业生对学校教育教学、人才培养、管理服务等方面工作的意见和建议，提高毕业生对学校教育教学工作的认可度和美誉度。

二、打造品牌服务人本化

品牌活动的知名度打造应坚持服务的人本化。为学生服务，树立"以人为本"的服务理念。学生工作品牌建设要不断强化服务意识和服务精神，从细处着手，落到实处。指导学生准确把握就业期望值、调整求职心理，为学生收集信息，帮助学生了解就业形势、就业政策和择业方法。往往在细节上的服务更能让学生体验到学校及老师的关心和爱护，提高学生对学校的效果满意度。学生满意就是学校最好的一张名片。

为社会服务，强化社会责任意识。品牌项目要对自身所提供服务的功能进行合理评估，在衡量项目自身发展与校园需求的基础上，使有限的教育资源发挥最大效益，提升学校的校园适应力和竞争力。坚持依托地方学院、依托区域经济，提升人才培养质量，为加强经济建设服务。商业经济中的品牌服务是指具有专用商标的服务，服务商标持有者以高质量的服务、独特的方式全方位地满足学生多方面的需求，使学生对服务学院的形象、竞争能力、服务水平给予认同，成为忠实的学生，从而达到扩大认同占用校园的目的。高校培养学生的过程可以看作是学院生产"品牌"的过程，毕业生就业服务工作可以看作是"推销品牌"的过程。就业服务是高校打造就业品牌的一项主要内容。

高校就业服务的内容非常广泛，不仅包括对学生进行就业政策、就业程序、择业技巧的指导和就业信息发布，还包括学生的职业测评、职业咨询、职业发展、就业心理辅导、创业指导等多方面的内容，为毕业生的职业发展提供服务。品牌服务还包括为用人单位来校招聘"入职匹配"的毕业生提供理论的指导和参考，切实为毕业生和用人单位提供优质的服务，打造就业服务品牌。

三、打造品牌营销网络化

为加速品牌活动发展，全方位地认知品牌发展与校园需求的关系，提升品牌影响力和社会认知力，不断打造品牌营销网络化。品牌活动的营销过程必须要与社会公众、媒介、企事业单位和学生等发生相互关系和相互作用。发展互助和合作关系，追求共同的利益和目标。

首先，处理好与政府有关部门的关系。品牌活动核心竞争力的培育离不开政府的扶持和支撑。积极参与政府组织的各类大型文体活动、主题服务活动、社区志愿者活动等，提升品牌的知名度，突出学校的社会责任感，保持与政府的良好沟通。其次，要积极与用人单位沟通交流，听取意见，改进工作，提高用人单位对学校毕业生的专业知识、敬业精神、总体素质等方面的满意度。为以后学生的就业创造良好的外部环境。再次，要加强与媒体机构的联系。应重视品牌活动的宣传推广，获得社会和媒体的认同，及时把品牌活动的两点推出去，提升知名度。最后，注重学校的内部关系营销。将关系营销纳入品牌管理文化的建设中。加强品牌管理，有效地监管控制品牌活动与学生及家长之间的关系，更忠于品牌核心价值与精神，从而不断提高品牌管理水平，不断提升品牌价值，塑造出更具竞争优势的活动品牌。

第二节　品牌价值观塑造

价值观是一种影响选择的建构，反映了个体或群体的"深层建构""信仰体系"与"行为选择"之间相互体现与依存的性质和关系。

一、品牌价值观的概念

品牌价值观是品牌在策划和运营管理过程中形成的具有社会价值和获得社会认同的共享的理念体系。品牌价值观是品牌经发展实践过程中通过深层理论建构、多元实践探索而形成的共享的"信仰体系"，即什么是更好的品牌行为模式、什么是更具价值的发展战略，以及由此引发的一系列的品牌运行的理念和原则。

二、学生工作品牌价值观

学生工作品牌价值观是学生工作品牌在建设和发展过程中形成的共享的价值体系和行为准则，其本质和必然就是坚持社会主义核心价值观。

社会主义核心价值观融入育人过程、融入品牌活动建设是培养品德高尚、信念坚定人才的本质要求。社会主义核心价值观融入育人过程、融入品牌活动，实际上是将每一个大学生都纳入社会主义核心价值观的培育体系中，这与现代素质教育的基本理念相契合。从个人与国家、社会的关系上来看，个人是构成国家和社会的基本元素，要处理好个人与国家、社会和其他成员的关系，把自身发展与社会发展有机统一起来，必须以正确的价值观作为自身行为的指导，在特定环境下要承担一定的责任和义务。社会主义核心价值观作为一种先进文化，只有内化为个体成员的精神信仰才能得到落实和发展，同时，个人的精神信仰又反过来助推社会主义核心价值体系的构建。"步职有我"品牌活动，旨在通过校内实战职场招聘的形式，提升学生就业竞争力，提高高校人才培养质量，为培育新时代品德高尚、信念坚定的全面发展的大学生而不断探索。

社会主义核心价值观融入育人过程、融入品牌活动是构建文化生态、坚定文化自信的重要途径。党的十九大报告指出："文化自信是一个国家、一个民族发展中更基本、更深沉、更持久的力量。"文化的核心是由一套价值系统构成，普拉诺认为："价值是内在的、主观的概念，它所提出的是道德的、伦理的、美学的和个人喜好的标准。一个人所持的或一个团体所赞成的一组相关价值叫'价值系统'。"道德本质上来源于价值观，反映于价值观。本质上文化是价值观的表现和反映，价值观是文化的精神内涵，两者有着内在的统一性。"文化自信是价值观自信的本源支撑，价值观自信是文化自信的核心和灵魂"。社会主义核心价值观是中国共产党领导各族人民在革命和社会主义建设过程中凝练的个人、国家和社会的价值系统，是传统文化和社会主义先进文化中蕴含着的科学内涵和精神文明。因此，将社会主义核心价值观纳入育人体系、融入品牌建设中，是构建文化生态、坚定文化自信的根本保证。社会主义核心价值观融入育人过程、融入品牌活动，是实现中华民族伟大复兴的精神支撑和行动指南，是新时代建设高水平大学的理论支撑和文化源泉。

国家和社会的发展需要正确的价值体系作为理论指导。实现中华民族的伟大复兴是全国各族人民的共同心愿，社会主义核心价值观为实现这一复兴提供了价值目标和价值准则，是重要的思想保障。一方面，社会主义核心价值观作为先进的价值理念，对个人、国家、社会的发展起到导向作用。另一方面，社会主义核心价值观是推动社会主义建设、实现中华民族伟大复兴的行动指南。国家只有先进的价值目标作为导向和行动指南，才能坚定价值自信、文化自信，才能不断推动学生工作品牌的发展与提升，推动各项事业的顺利进行。

三、社会主义核心价值观融入育人过程、融入品牌活动的原则

社会主义核心价值观融入育人过程和融入品牌活动，应坚持以下两个原则：

一是坚持正确的指导思想。正确的指导思想是一切社会实践的基点，社会主

义核心价值观融入育人过程、融入品牌活动必须坚持正确的指导思想。新形势下，培育和践行社会主义核心价值观必须高举中国特色社会主义伟大旗帜，以毛泽东思想、邓小平理论、"三个代表"重要思想、科学发展观和习近平新时代中国特色社会主义思想为根本出发点。

二是坚持以人为本。将社会主义核心价值观纳入育人过程、融入品牌活动，本质上是通过教育将其内化为社会成员的精神信仰的过程，其落脚点在于人的发展，在于人才培养质量的提升。因此，在整个教育体系和品牌发展中要坚持以人为本的理念。人是社会的基本元素，是社会关系的总和，同时也是教育的实践和社会建设的主体。事实上，只有个人层面的价值观得到认同和践行，才能实现国家和社会层面的价值体系的构建。因此，在整个育人体系中要坚持育人为本，让社会主义核心价值观真正内化为人的品格和信仰，并被普遍的实践所检验。

第三节　品牌竞争力提升

习近平指出："我们要坚持道路自信、理论自信、制度自信，最根本的还有一个文化自信。"那么，何谓文化自信？文化自信是一个民族、一个国家以及一个政党对自身文化价值的充分肯定和积极践行，并对其文化的生命力持有的坚定信心。

党的十八大以来，习近平曾在多个场合提到文化自信，传递出他的文化理念和文化观。在2014年2月24日的中央政治局第十三次集体学习中，习近平提出要"增强文化自信和价值观自信"。之后的两年间，习近平又对此有过多次论述，"增强文化自觉和文化自信，是坚定道路自信、理论自信、制度自信的题中应有之义""中国有坚定的道路自信、理论自信、制度自信，其本质是建立在5000多年文明传承基础上的文化自信"。2016年5月和6月，习近平又连续两次对"文化自信"加以强调，指出"我们要坚定中国特色社会主义道路自信、理论自信、制度自信，说到底是要坚持文化自信"；在庆祝中国共产党成立95周年大会的讲话上，习近平对文化自信特别加以阐释，指出"文化自信，是更基础、更广泛、更深厚的自信"。

学生工作品牌的建设与发展，更需要先进的文化引领，不断增强品牌自信和文化自信。品牌文化承担着提高学生就业素质水平、增进校企联系，促进人才培养的重要使命。品牌文化的时代品格，是践行社会主义核心价值观的具体体现。品牌竞争力的提升，应坚持开放包容、资源共享，开拓创新、系统推进，求真务实、争先创优和敬业奉献的理念。

一、开放包容、资源共享

开放包容是品牌文化的理念。不断运用宣传载体，营造良好的就业与竞争氛围，提升学生整体就业竞争力。通过积极参与、敢于竞争、善于合作、共享共赢的理念来营造积极的发展氛围，树立积极向上的就业理念，从而引导和鼓励学生，通过参与活动，实现个人的提升与发展。

资源共享是品牌文化的目标。通过建立和健全品牌活动数据库，提供活动机会，发布就业岗位，招募选手参加，引进优质学院，实现在校学生全覆盖、就业区域全覆盖、就业创业全覆盖、就业培训全覆盖和就业指导全覆盖的新局面。

二、开拓创新、系统推进

开拓创新是品牌文化的动力。从尊重劳动、尊重知识、尊重创造和尊重人才的角度出发，致力解决大学生就业问题，不断优化就业环境、创新良好的就业条件、拓展学生就业内容、丰富学生就业形式、创建就业基地，科学构架促进就业工作体系的新局面。

系统推进是品牌文化的准则。坚持从战略的高度解决就业问题，建立品牌活动组织领导体系，坚持以品牌活动促进就业、以经济发展带动就业，以政策优化保障就业、以社会协同落实就业，以校企合作推进就业，从而构建适合高校品牌建设的就业行为准则和就业运行机制。

三、求真务实、争先创优和敬业奉献

求真务实是品牌文化的方法。遵循品牌运行机制，尊重学生成长规律，加速校园智库建设，完善招聘人员系统，建立统一、开放、竞争、有序的校园与校外的人力资源校园，扩大学生就业范围，深入推进统筹就业，帮助"双困"学生就业，逐步形成促进学生就业的长效机制。

争先创优是品牌文化的取向。培养就业竞争力较高的求职队伍，深入开展品牌活动的宣传，激励学生争先准备就业，全体关注就业，创优实现就业。

敬业奉献是品牌文化的价值。就业主体的"为我"目的更多的是要把自身对象化，进而把个体之我与集体联合体之我相互交融，把自身利益与社会利益和需求相结合，从而实现主体与客体的统一、主体价值与客体价值的统一、他律与自律的统一，为促进就业主体的完善奠定基础。

第四节　品牌经济性优化

高校学生工作品牌的战略发展，应不断彰显品牌的经济性。科学合理地制定品牌优化策略，在品牌传播中，承担起高校育人与服务社会的双重责任。

一、服务经济发展

服务经济发展是人才培养的必然要求。现代高等教育的发展，呈现出大众化、校园化、国际化、网络化和多元化五个特点，担任着人才培养、学术研究、社会服务、文化创新的职能。随着时代的发展、科技的进步，高校人才培养的社会服务功能与服务地方经济发展的功能，必将有着更紧密的联系。在高等教育的人才培养中，基于高等教育发展的必然趋势，遵守学生自身发展规律，坚持面向社会进步、面向校园需求、面向就业创业的原则，不断加强专业建设，创新人才培养模式，提升学生的实践能力。

二、品牌优化精准战略

品牌优化精准是战略发展的长远目标。品牌活动的有序健康发展，高校人才培养的有序提升推进，都将对服务经济发展、促进学院壮大、提升人才进步做出积极贡献。将高校人才培养融入地方区域经济发展，实现创建高水平院校的宏伟目标，力争实现品牌活动有政策支持、有典型引领、有机制推动、有培训学习、有平台实践、有创业阵地、有指导服务、有社会反响的良好局面。

三、品牌对接就业

品牌对接就业是实践培养的现实需要。品牌活动要不断提高活动的有效性和针对性，以品牌特色为引领，打造精品项目品牌。积极主动适应新时代经济发展方式转变的要求，积极主动探索校园招聘的新模式，不断强化学院与高校在人才培养与人才使用的对接功能，积极主动加强学生在经济社会发展和人才队伍建设中的引领作用，以推进和服务地方经济发展为宗旨，深化校企合作。地方经济的快速发展，人才质量的优化提升，是品牌工作实践更新的内在需要，也是品牌工作自我更新的外在动力。

四、发挥校企合作优势

校企合作阵地是推动区域经济发展的能量源泉。地方本科院校可以为区域经济发展提供优质服务。吉林师范大学作为省属重点高校，师范专业与非师范专业共同发展。师范专业承担着吉林省基础教育培养的重要任务，非师范专业也在稳步提升。吉林省内学院与地方各类型学院，与吉林师范大学签订合作协议，在合作共赢基础上，通过品牌活动，建立校企合作阵地，为学生提供专业学习和实践的机会，为学院提供优质人才的供给与选择。立足区域经济发展，彰显高校人才特色，服务地方学院，提升协同创新能力。

第三章　学生工作品牌的评价体系

第一节　品牌评价的可行性

随着中国经济、社会的飞速发展，高校学生工作品牌与社会的结合更为紧密，受到社会大众传媒的重视，因此我们对其的要求应更为严格。同时随着高校学生工作品牌的不断深化，我们发现学生工作品牌的确立、发展、评价等体系的构建并不完善。学生工作品牌虽与商业品牌的评价体系有类似之处，但也有很大的不同，不能用商业品牌的评价体系生搬硬套。为了使高校学生工作品牌活动更为专业化、具体化，能够更加稳定和精准地找到学生的痛点，需要重新构建一套适用于高校的评价体系。吉林师范大学提出的"一院一品"，为高校学生工作品牌工作提供了很好的理论参考。

一、科学构建学生工作品牌评价体系

学生工作品牌广泛宣传和全面实施后，其育人效果到底如何，社会影响力到底怎样，这些问题的答案需要全面评估后才能得出。通过评估，一方面可以检验品牌实施的实际效果，效果的好坏界定标准为是否需要对已使用的品牌进行适当的修正与完善；另一方面可以通过评估来查找问题，从而引发品牌的创造者与受教育者的思考，在使用原有品牌的基础上可以打造更多的新品牌。最终通过品牌立校、品牌强校。要做好学生工作品牌的评估工作，应建构一套完整的学生工作品牌评价体系。由于评价是多方的互动行为，故评估的主体应该是多方面主体，

只有多方面主体参与，才能客观公正地反映品牌的实施效果。在高校中，学生工作品牌评估的主要成员应是品牌的创建机构，以及品牌的践行者——在校大学生。此外，社会的一些机构，比如用人单位、教育评估机构等都应是高校学生工作品牌的评估主体。品牌创建机构是品牌的践行者、受益者和效果的反馈者。教育评估机构是品牌的监测者、研究者和反馈者。上述主体按照已制定的评估指标体系积极参与评估，这个过程就构成了一个庞大的品牌评估运作体系。该体系在科学发展的指导下，能有效衡量学生工作品牌的实施效果及其产生的社会效应。

二、学生工作品牌评价体系创建是教育领域竞争的客观要求

2017年6月14日教育部公布的《全国普通高等学校名单》中，全国高等学校共计2914所，其中，普通高等学校2631所（含独立学院265所），成人高等学校283所。全国本科院校一共有1243所，其中公办本科大学817所，民办本科学校417所，中外合作办学的学校7所，内地与港澳台地区合作办学的学校2所。

根据教育部统计数据显示和相关学者的分析，2009年以后高等教育适龄人口数将逐年下降，到2020年高等教育适龄人口数将减少30%左右，到2020年适龄人口约只有8.3亿。对于即将面临的生源短缺和高校供过于求的严峻形势，更加激烈的生源竞争与就业的结构性失衡必然随之发生。可以预见，未来一段时间内，随着高等教育校园的不断细分化以及社会对优质教育资源的需求日益高涨，高校之间在生源、师资力量、科研上的竞争以及在学生就业等方面的较量必将愈演愈烈。高校培养的学生要赢得社会的认同，就必须占领就业校园，提高就业率，同时要抢占生源校园，提高报考率、录取率，这些是当前高校面临的严峻课题。那么高校就业工作如何做到"出口畅，进口旺"呢？从高校的学生管理工作来说，就是要走品牌战略之路，创建学生工作品牌。要依靠学生工作品牌，增强大学生的综合能力，满足用人单位和社会的需求，从而获得在竞争激烈的教育领域的声誉与地位。

高校学生工作品牌工作对高校教育的实施予以丰富和补充。2010年7月国家出台的《中长期教育改革与发展纲要》指出，要树立教育质量观，实现其观念的规范化与科学化，就要将推动人的全面发展、与社会的需求相适应作为教育质量考察与衡量的本质标准。在教育发展观中，要以充分提升教育质量为核心，拓展与延伸教育的内涵，这就要求学校健全激励机制、彰显办学特色、充分提升办

学水平、培育名师英才。也就是说学校要立足于实际，选择适宜的学科，彰显办学特色，且将其特色予以升级和发展，成为办学过程中的优势，最后形成品牌效应。国家的政策是高校学生工作品牌建设的原动力和保障，同时国家对高校也提出了更高的要求。

三、高校学生工作品牌评价体系与商品品牌的评价体系的区别

品牌是一个经济学概念，是指借以辨认某个认同者或某群认同者的品牌或服务，并使之与竞争对手区别开来的名称、术语、符号、象征或设计，品牌只有经历品牌定位、品牌价值创建、品牌绩效评估和品牌维护等重要过程，才能得以创建，品牌的区别性和竞争性才能得以体现。学生工作品牌的创建是学习品牌的特点、借鉴学院品牌塑造的方法，是在结合学生工作特殊性的基础上开展的学生工作，它强调学生工作的高效性，着眼于学生工作的质量、水平和形象的提高，以学生工作的育人最大化为根本目标。

商品品牌在国际上有众多的评价机构，推出了若干评价方法。但现有品牌价值评价方法的研究面临诸多缺陷与不足，如品牌价值评价的概念体系不清晰，即主要的品牌价值评价方法虽各有特点，但有关定性与定量相结合的方面考虑不够，这是因为很多评价方法是由西方国家提出的，直接针对发达国家相对成熟的校园品牌对象，不太符合中国品牌的特点和价值变化规律，特别是在品牌评价领域缺乏一个科学、严谨、系统的概念体系和理论体系的情况下，某些概念混乱的问题目前仍没有解决，不利于品牌评价理论与实践的发展。

四、创建科学的高校学生工作品牌评价体系的基本原则

创建科学的高校学生工作品牌的前提是全面建设高校的人才建设体系，为了不断提高高校的规范化与现代化，我们应把握以下基本原则：

（一）全面性原则

高校品牌评价体系是一项系统工程，其培养的多面性和综合性要求我们在评价过程中要进行全方位、全过程的评价。因此，相应的高校品牌评价体系构建不能遗漏评价对象的任何方面。为了系统地评价人才各方面的素质和能力，我们应从大学生的知识、能力、素质和高校的环境、学风、教学系统等方面着手进行测评，采用诊断性评价、形成性评价和结论性评价相结合的方法，以达到高校品牌

评价体系的系统性要求。因此，要坚持学生全面发展的观点，根据系统科学原理，统筹策划、科学运作，充分发挥高校品牌评价体系的功能。

（二）科学性原则

我们应遵循评价体系的规律，坚持实事求是的态度，并且按照科学的要求确定评价标准，合理采用评价手段，保证评价结果的真实性和准确性，在评价过程中严格根据评价标准规范地开展评价工作。我们要运用定性和定量相结合的方法，抓住本质性的问题，就其主体进行评价，不能以偏概全，确保评价结果能够有效地指导交叉学科教育沿着健康、持续的发展道路前进。

（三）客观性原则

我们要坚持从实际出发，以事实为依据，不主观盲目臆断，客观公正地进行人才培养评价，做到高校品牌评价体系的标准客观、不带随意性；评价学生要客观，不带偶然性；评价态度要客观，不带主观性。

（四）差异性原则

高校品牌评价体系要考虑学生个体之间的差异和学校之间的差异。第一，由于个体之间在兴趣、爱好、观念、思维方式、知识结构和知识水平等方面呈现多元化的特点，相互之间存在差异，所以，高校品牌评价体系要充分考虑个体之间的差异，考虑学生个体发展的客观情况，应把学生现在取得的成绩与其起始水平相比较，考核评价其进步程度，不能搞"一刀切"，不能以一种标准考核评价所有的学生。第二，高校品牌评价体系要针对不同类型的学校和不同经济发展水平地区的学校的办学水平，制定不同的高校品牌评价体系，使高校品牌评价做到客观公正，并起到分类指导、典型示范的作用。

（五）实践性原则

知识学习很重要，但间接经验的学习也很重要。我们应从学生成长的角度来分析，探索知识的过程比告知结论性的知识更可贵。实践是创新的源泉，也是人才成长的必由之路。人才培养评价内容和评价标准必须贯彻"创新能力源于实践、服务于实践"的思想，既要考核学生知识的掌握程度，也要考核学生的实践能力，更要考核学生运用理论知识解决实际问题的能力，特别是运用跨学科知识解决综合性问题的能力。

（六）导向性原则

高校品牌评价体系反映了全面发展的教育目的和教育改革的方向，一经确定，实际上就成为"指挥棒"，为高校人才培养发挥导向功能。学生学习能力、创造力的培养，在相关的指标体系中应设置具体项目，明确需要达到的程度和要求，给予相应的权重，并通过评价机制的反馈作用，发挥导向功能，这种导向功能在人才培养过程中，会对学生起到一定的激励作用。正确运用评价的导向功能和激励作用，在教学中支持学生的求新、求异、质疑和克难的精神，鼓励学生在成长过程中不断探索新的知识，使人才培养评价成为培养学生创造力的推动力。

五、高校学生工作品牌评价的目标和主体

（一）评价目标

高校学生工作品牌建设是对学生的一种素质教育，素质教育要求我们面向全体学生进行广泛的创新精神和实践能力的培养，培养学生的创造思维能力、辨别能力、预见能力、风险意识和心理素质。高校学生工作品牌评价不应仅局限在学生的学习能力，更应评价学生的综合能力乃至个性的培养和提升。高校学生工作品牌评价归根结底要落实到学生的创新能力、实践能力、创造能力、就业能力、创业能力等方面，要体现出学生素质的提升与变化，指引高校学生工作品牌建设的方向。同时，高校学生工作品牌评价体系应具备良好的引导和激励功能，被评价体系能够自觉运用所认可的评价指标和内容来调整行为，从而达到鼓励学生在感兴趣的领域自由发展，深入挖掘学生潜能的目的。

（二）评价主体

要科学、合理地评价高校学生工作品牌的质量，我们需要建立教育行政部门指导下的多元化评价主体，以此来保证高校学生工作品牌评价体系的客观性和公平性，保证高校学生工作品牌活动的协调、均衡发展。同时，多元化评价主体在高校学生工作品牌中的广泛参与也能够调动其在高校品牌活动中的积极性，确保其在高校品牌活动中的主体性地位。本章所涉及的评价主体主要有指导性评价主体、过程性评价主体和结果性评价主体。

指导性评价主体的确定。指导性评价主体是指在高校品牌活动中起指导性作用，占据主导地位的主体。根据《中华人民共和国高等教育法》，教育行政部门对学校教育质量具有监督权，把握国家高等教育发展的方向，从整体全局的角度审视高等教育发展的方向，从整体全局的角度审视高校品牌活动的合理性和统一性，在高校品牌活动中起重要指导作用。

　　过程性评价主体的确定。过程性评价体系是指参与高校品牌活动过程的主体。在高校品牌活动中，教师和学生是高校品牌活动的直接参与者，过程性评价主体主要指的是教师和学生。教师是教学活动的引领者，在日常的工作中担任参与学校品牌活动的重要角色，对整体高校品牌活动有最真实和具体的了解，将其作为评价主体可以确保人才培养质量评价的专业性、具体性和真实性。同时，学生作为高校品牌的参与对象，是高校品牌活动的直接体验者和感受者，是体现高校品牌活动的载体，因此，学生也应作为高校品牌评价体系的主体之一。通过参与高校品牌活动的教师、学生等作为主体来评价高校品牌活动质量，学校能够从他们身上得到更为真实有效的高校品牌活动的评价、反馈，更好地促进高校品牌活动的发展。

　　结果性评价主体的确定。结果性评价主体是指承担高校品牌活动结果的主体，主要包括社会评价、用人单位、家长等。将高校品牌活动的承担方作为评价主体，可以保证评价的多元化与公正化，客观及时地反映高校品牌活动的目标与社会需求的一致性程度，有利于学校根据社会需求及时调整高校品牌活动，进一步提高高校品牌活动的质量。

第二节　品牌价值评价体系的建构

一、高校学生工作品牌的评价标准

　　高校学生工作品牌工作，对高校而言，在没有成熟的经验，没有评价体系的基础上要推进品牌活动，实现"一院一品"，实现校级特色品牌，要通过具体实践来积累经验反馈品牌建设。众所周知，受学校的规模、办学理念、办学方向等因素影响，即使在别的学校非常成形、受欢迎的品牌活动，在另一个学校照搬照抄也不一定能够完全成功。这说明学生工作品牌活动要因校、因环境而定，决不能照搬照抄，说明学校品牌活动有不可预知性，对教育结果进行评价时不能使用以往的唯成绩论。目前，缺乏的主要是对高校学生工作品牌的评价标准。

（一）独特性

高校学生管理工作在长期办学的过程中形成的学生工作品牌，既能体现高校各自的办学特色，营造优良学风，又能培养出有特色的优秀人才。高校在激烈的校园竞争中，要想赢得社会声誉，保持生源稳定，培养社会所需要的人才，必须凝练出自己的办学特色，打造教学、管理、学科科研等方面的品牌。学生工作品牌是其办学特色的重要体现。它具有独特的特点，即本校特有，与其他高校的特点有显著的差别。

（二）优质性

品牌的本质具有优质性。与其他高校相比，高校学生工作品牌是在长期的学生教育与管理的过程中逐步形成的新颖的、有特色的成果积淀。高校学生工作品牌，是优于其他高校学生管理工作的，其育人效果是优秀的、优质的。

（三）稳定性

高校学生工作品牌的积累、凝练与形成，需要较长时间，需要通过品牌调研、品牌目标确立、品牌定位等环节，从而创建具有本校本院特色的学生工作品牌。因而，学生工作品牌一旦形成，就具有较强的稳定性。

（四）发展性

学生工作品牌在一定时期具有较强的稳定性，品牌育人效益在一定时期会完全显现出来，为学校的建设与发展做出较大的贡献。任何事物都是在不断发展的，尽管学生工作品牌在一个时期发挥了积极的作用，但是随着社会的发展，学生管理工作已越来越不能满足学生及家长的需要，不能满足用人单位对人才的需求，因而学生工作品牌需要不断地改进、完善与创新，如此才能按照学校的办学规律培养合格的人才，推动学校的发展。因此学生工作品牌具有发展性的特点。

（五）学生工作品牌活动要有的放矢

受众群体是高校中的广大同学们，因此受到同学们的认可与参与才是重中之重。学生工作品牌的设立要做好问卷调查，有针对性地设立或调整品牌活动。经过反复的论证，详细的研究部署和来自学生的需求，设立品牌。

（六）学生工作品牌活动要有社会价值

高校培养人才的最终目标是为社会输送更多有用的人才，高校的科研等工作为社会的发展提供科技动力，所以学生工作品牌工作既要服务校园也要服务社会。

（七）学生工作品牌活动的设立要直击痛点

抓住学生的真正需求，以广大高校学生能够接受的方式讲故事。品牌评估指的是量化品牌的价值，从对品牌的竞争力予以准确的测定。品牌评估所发挥的作用是：对品牌存在价值予以量化，同时对比各品牌，基于直观的视角，掌握品牌建设的基本情形，基于侧面揭示出各品牌的校园地位与变动情况，揭示品牌的含义，从而为品牌所有者实现以品牌作为资本的学院重组创造舆论方面的效应。学生以品牌价值影响为介质，提高品牌忠诚度。

二、高校学生工作品牌的精神硬核

品牌要有自己的独特精神内涵才能为广大高校学生树立起一面属于自己的精神旗帜。只有明确自己的精神内涵才能使学生具有更强的参与力和凝聚力，学生工作品牌自己的精神内涵可以吸引学生发挥出最大的潜能，在培养学生的创新精神和实践能力等方面起着十分重要的推动作用。学生工作品牌活动的精神延伸也是学生的思维延伸，学生工作品牌的精神凝聚力量越强，学生的思维能力以及看待和思考问题的能力就越广。

在进行学院品牌价值评价体系建构时，要考虑学院本身的硬件设施，从多方面总结，从多角度看待评价标准。在坚持"一院一品"，打造属于自己的学院特色的同时要注重学校教育的具体环境，确立以学生为主题进行品牌架构，从精神、实践等各个方面来开展建构工作，做到"人有我有，人无我有"。高校需要明确自己的价值观才能进一步开展工作。高校学生品牌要明确自己的定位，把握好工作的大方向，明确主抓项目和自身的各方面优势，利用好自己的长处做优质学院品牌。

学生品牌架构与学生品牌的评价之间密不可分，两者都是以学生为主，结合自身的具体情况来达成自己的目标。在完成学生品牌工作的同时要紧跟当下的时事情况，结合教育部的各项方针确定未来的发展方向，学院自身再根据具体的情况来进行各项补充。学生品牌因其非商业化的特性而不能简单粗暴地套用企业品牌文化而一概论之，学院可在普世意义的企业品牌价值中吸取一定的科学经验，但不能就此把两者混淆起来，而是应当推陈出新，总结精华部分，再通过教育领域的客观要求，结合学生的实际情况，学院的办学特色进行自己的特色化、精细化发展。

在进行工作时应当谨慎，争取稳重前进，稳扎稳打，以教育领域的要求作为标准进行学风建设，深度挖掘学院品牌价值，赋予学院品牌深刻的内涵。明确学院品牌发展前景，建立长效机制，着眼长远多方面考虑才能使学院品牌始终具有活力和生命力。只有充分发挥学生的思考能力和创造性，才能为学院品牌持续注入新鲜血液。在整合资源的过程中应当采取多途径多渠道全面整合发展的战略，不仅在校园中进行宣传，也应当与企业各界和媒体进行有效合作，充分利用社会资源来为学院品牌进行宣传，向社会展示自己的品牌优势和特色。

学院品牌是学院的核心竞争力，通过树立精神旗帜可以增强学生的向心力，通过开展特色活动可以提升学院品牌的知名度。提升学院品牌价值，建构完善的评价体系是当前学院工作的主要任务。

第二篇
学生实践感言与专家寄语

❖ 专家寄语

致程松松同学：

败则拼死相救，胜则举杯相庆——这是团队精神的最好体现。公司赞扬那些为团队付出的同仁，赞扬那些当身边同仁或团队有困难时能主动、勇敢站出来帮忙的同仁，坚决唾弃那些看到团队有困难时在旁边说风凉话、暗嘲讽刺和诋毁的言行。

——吉林飞鹰职业技能教育集团总经理　陈艾莲

不凡人生，从步职开始

程松松

我是吉林师范大学 2016 届管理学院的毕业生，人力资源管理专业，现为吉林大学在读博士，作为一名吉林师范大学的学生，我非常荣幸能够作为一名参赛选手，参加这次"步职有我"的活动。下面是我参与活动的一些体会。

一、调整心态

我们应调整好自我的心态。当我们确定要创业时，我们所扮演的角色就应有一个大的转变，我不再是一名学生，而是一个公司的高层管理者，是一位百折不挠的创业者。思考问题时也要求我们转换角度。例如"如果融资成功，这钱该怎样花？这个项目的未来前景如何？"等。的确，我们是奔着做某种事业而去，我们要有责任心和使命感，并不是为了参赛而参赛，我们应超越计划书本身，思考到企业的具体运作、项目今后的发展等。我想只有这样，才能真正做好这个项目。

二、积累知识

市场是变幻莫测的，创业是一个复杂多变的过程，这要求我们务必具有渊博的知识和结合实际决策的能力，我们在编制商业计划书时涉及很多问题，如市场调查、财务分析、人员分配等，这所有的一切都离不开必要的理论支持和主观决定。在这次比赛过程中，我更加感受到了厚积薄发的重要性，同时也更加深刻地理解到了"书到用时方恨少"的真谛。

三、团结协作

团队在合作中会遇到各种问题，而解决问题离不开有效沟通和真诚交流。每个队员都有自身的知识结构、经验阅历和个性特征，如何集思广益、博采众家之长，就需要每个人都从大局思考。每次面对有争议的问题，大家可能会争得面红耳赤，然而就在我们思想的交锋下，才可能产生智慧的火花。而后回过头来看以前的所有争议，我们都会由衷地微笑。

此刻看来，创业的过程就像一个人的生活历程，和生活一样，除了基本的生存技巧外，更需要真诚、自信、奉献和勇于拼搏。

最后用清华大学罗建北教授的一段话来结束我的感想：世界上有这样一群人，对于他们而言，创业是一种情结、一种使命，所以无论何等艰辛，他们都欣然应对，因为只有如此才感到不枉一生。

这次比赛，让我总结出四个字——越挫越勇，我还告诉自己：不要被自我感觉所蒙蔽，你还有许多要学习的地方，要多多努力，尽量多地抓住机会，激发自己的潜力，从每一件事中找到进步的目标，让自己变得越来越优秀。

❖ **专家寄语**

致韩桐同学：

没有人可以做你的双拐，你必须学会独立闯荡；犯错的时候，要勇于承担，畏缩虽是一种自保，但当他人把你看扁的时候，你就彻底站到了成功的机遇之外。再困难，咬咬牙，总会过去的；再犯错，不孤独，一切还可以重来。

——北京链家房地产经纪有限公司招聘中心项目经理 蒋同艳

不忘初心，寻找生活的意义

韩桐

我是吉林师范大学 2016 届毕业生，市场营销专业，现工作单位是长春优胜教育。作为一名参赛选手，首先要感谢我的母校给了我这次宝贵的机会，让我能够参加这样的应聘活动，给我提供了宝贵的求职经验。四年时间，弹指一挥。觉得这一切不可思议却又异常真实。你突然发现大学的世界与你无关了，外面的世界这么大，大得让人不知道在什么地方拐弯。曾经我们都是一只在浴缸中自由穿梭的金鱼，惬意、快乐，寻找满足感和存在感；寻找友谊、爱情等。说得空泛和文艺点，是在寻找自己生活的意义。

没有人不渴望自由，问题是，给你一望无际的海洋，你是否真的敢要？

通过参加这次活动，我收获的不仅仅是求职经验的积累，更是在这个过程中，体会到生活的动力与意义。

一、有志者，事竟成

从古至今，我们身边常常流传着这样一句话"有志者，事竟成"。的确，一个人要想成功，登上人生的顶峰，缺少了远大的志向是不可能完成的。唐代著名诗人李白曾写过这样一句诗："少年负壮气，奋烈自有时。"表达了只要心中有着远大的理想，总有一天会拨云见日，实现自己的理想，宋代著名词人苏洵可以说是大器晚成，他 37 岁时才开始刻苦读书，凭着对文学艺术的追求与向往，再加上自己的不懈努力，最后成为"唐宋八大家"之一。我认为苏洵的成功主要取决于他对自己志向的坚定态度。只有有了坚定的志向，才会成功。

二、苦心人，天不负

"三百六十行，行行出状元"，在社会不断发展的今天，职业种类的不断扩增，已经形成一系列连锁反应。面向大众的网络平台和全球一体化的趋势给了年轻人更多的人生选择和前进方向。无论你是涉世未深的大学毕业生还是掌握着一技之长的职高学生，社会会告诉你，只要你肯努力，世界不会亏待你。

"苔花如米小，也学牡丹开"，在阴暗潮湿的墙角，阳光照不到的地方，苔花默默地吐露着芳华，恰似吟唱着这首小诗的山区孩子和支教老师梁跃群。在卑微到无人发觉的角落里，绽放着自己的光彩。做花中第一流，也要有这样坚强和旺盛的生命力，树立目标，放飞自我，不畏艰难，向阳而生，相信天道酬勤，相信"苦心人，天不负"，在坚定不移的信仰下怒放生命！

三、记使命，力前行

"青年兴则国家兴，青年强则国家强。青年一代有理想、有本领、有担当，国家就有前途，民族就有希望"。习近平总书记对青年一代寄予殷切期望。但如今呢？各大高校普遍现象是逃课上网打游戏，上课玩手机，平时不学习，考试搞突击。中考时的拼搏，高考时的奋斗，仿佛已经泯灭在历史的痕迹中，在大一、大二中，没有理想、没有目标，整日浑浑噩噩，过一天算一天的学生大有人在。只有转变这一风气，改变这一现象，使大学生有理想、有信念，国家才能富强，民族才有希望。

每一个人都有自己的初心，都有过在某一时刻心头一热的冲动，但是，在这花花世界中，有的人对于自己的理想矢志不移，无论前方是荆棘坎坷，还是艰难险阻，他都会不断努力，不断坚持，为了实现自己的初心，始终在人生的道路上奋斗。

四、存初心，得始终

寒来暑往，秋收冬藏；春风桃李，落叶梧桐。万物灵长无时无刻不在改变着自己的音容笑貌，好像自然的事物没有什么是亘古不变的。但是不变与变应该是互相依附的存在。

作为一名吉林师范大学的毕业生，我一直牢记母校"好学近知、力行近仁"的校训、踏实工作，坚实信念，牢记青春使命。

❖ 专家寄语

致李格格同学：

尽管未来的事情不可预知，尽管未来的发展不可预知，但是未来并不是谜一样的远方，你的不断努力与奋斗，能够让未来变得可以控制，未来就在你的手中。改变不了大的环境，那么我们就去努力适应这个大环境。这，才是我们的生存之道。但凡会错过，一定不是最好的。做人存几分天真童心，对朋友保持一些侠义之情。要快乐，要开朗，要坚韧，要温暖，这和性格无关。但你要忠诚、勤奋，要真诚地尊重别人，这样你的人生才不会黑暗。

——吉林飞鹰职业技能教育集团总经理　陈艾莲

大道无疆，勇往直前

李格格

我是吉林师范大学 2016 届毕业生，财务管理专业。

马丁·路德·金说："良机对怠慢不用，但勤劳能够使最平凡的机会变成良机。"勤劳是一个人的基本美德，勤能补拙是良训。试想，如果一个人他很聪明，但是他并不勤劳，将所有的事情都一拖再拖，所有的事情都不想做，那么就算他有着天才的头脑，到最后也只是想法。就如爱迪生所说，"所谓天才，那就是假话，勤奋的工作那才是实在的"。当然，也不是说只要有勤劳就可以获得，勤劳与实力，都是不可或缺的因素。两者的关系是密不可分、缺一不可的。

徐特立说："在当前现实的狭隘基础上，有高尚理想，全面的计划；在一步一步行动上，想到远大前途，脚踏实地地稳步前进，才能有所成就。"台阶是一层一层筑起来的，不可能一蹴而就，需要一点一点地完成，脚踏实地去做好需要做的事情。所谓的成功，并不是有目标、有想法就可以实现的；事情是需要自己做的，不是他人可以帮忙的，不去付出，哪里会有收获。唯有脚踏实地，勤恳刻苦，不漂浮，才能成就自我。

康熙曾写道："一事不谨，即贻四海之忧；一念不慎，即贻百年之患。"或许，勤劳、踏实的态度是每个成功人士必备的特性，而认真严谨，又何尝不是应该具备的品质呢？认真，是对梦想的负责；认真，是对工作的负责；认真，更是对成功的负责。严谨则是对认真的补充。认真与严谨，是一对不可分开的"搭档"，缺一不可。不认真严谨，何以成就事业；不认真，何以实现梦想；不认真，何以完成工作。与其考虑失败，不如先认真严谨做事。

雪莱说："如果你过分珍爱自己的羽毛，不使它受一点损伤，那么你将失去两只翅膀，永远不再能够凌空飞翔。"拼搏，是不断翱翔，过度保护自己，不去搏一把，又有何成就呢？勇于拼搏，不断挑战自己，增加个人的实力。如果我们能够为我们所认同的伟大目标去奋斗，而不是成为一个狂热的、自私的肉体，不断地抱怨为什么这个世界不使自己愉快，那么这才是一种真正的乐趣。一个人只有不断拼搏，才能得到成功。聪明的大脑、认真的态度、勤奋的作风和拼搏的精神，这些都是最终成功所需要的条件。

列夫·托尔斯泰说："人生的价值，并不是用时间，而是用深度去衡量的。"奉献，是一个很广泛的词，可能是奉献生命，可能是奉献时间，也可能是奉献精力。在这里，我只想说，奉献是将自己的经历、自己的时间，奉献到为之努力的工作、实业中去。这个奉献或许是针对自己，或许是针对大环境。对于自己，要为自己所追求的而奉献。对于大的环境来说，将自己的时间与精力放在工作中，这不仅是对自己的提升，也是对公司的贡献。埋在地下的树根使树木结出果实，却并不要求什么回报，这就是奉献的美好之处。

想要成功，完成自我的梦想，那么，勤奋是必不可少的，踏实是不可或缺的，认真严谨是不可忽略的，奉献精神也是极其重要的。我们不能缺少对梦想的追逐，对成功的渴望。在走向成功的道路上，要一往无前，绝不停歇，绝不妥协！没有人想要重演守株待兔的故事。如果想要获得成功，往往需要一些埋头苦干的傻气，而不是投机取巧。如果是不费吹灰之力得到的成功，那么，它是不够完整的。我坚信，只有积极进取、持之以恒的人，跌倒了再度站起来的人，才能成功。

成功看起来无边无际、无止无境。但它的长远在于跋涉与追求、探索。如果具备了勤劳、踏实、认真严谨、奉献这四种品质，那么成功的梦想还会遥远吗？当你成功了，你一定是具备了这些条件，如果你没有成功，那么你必定是缺少其一或者更多。请记住，成功没有捷径，要全力以赴。

成功没有一帆风顺，没有经过风吹雨打而获得成功，并不是真的成功。正如打磨一把宝剑一样，要经过千锤百炼。成功亦是如此。

❖ 专家寄语

致韩帅东同学：

同学们即将离开象牙塔，步入社会开启新旅程，希望同学们怀揣梦想与信念，拥抱时代和变化，培养积极正向的心态，勇于承担责任踏实前行，让自己每天进步一点，在未来的人生中不负青春，赢得精彩！

——吉林省君汇集团副总经理　高俊

华丽转身，与"步职有我"同行

韩帅东

我是吉林师范大学 2016 届管理学院毕业生，市场营销专业，2015 年根据学院的安排，在北京链家实习，实习期结束后选择留下，2015 ~ 2017 年成为北京链家运营经纪人，负责房屋的买卖，见证了 2016 ~ 2017 年新一轮房价的暴涨和调控，暴涨主要在 2016 年，调控主要在 2017 年上半年，之前也有过暴涨。我目前岗位是 AE，主要负责大区和店面链家网的宣导、培训，以及数据处理和分析，北漂两年有余，无甚收获，忆校园往日之事，愿与君娓娓道来。

我参加"步职有我"时刚上大三，当时听老师说要举办一个职场类的活动，然后自己就报名了，之后就是一系列的准备活动，拍 VCR，准备自我介绍 PPT，以及流程准备工作。印象比较深刻的就是拍 VCR，老师带我们几个参赛的选手，满学校寻找拍照的场地，操场、图书馆、排球场、道园……思考如何与自己的特点相匹配，如何与自己的个人介绍相得益彰。记得为了拍我的自我介绍、在教室里来来回回拍了好几次才勉强通过，几个人林林总总拍了几天，拍完后又让老师去剪辑，然后出成品，现在想想，真是辛苦老师了。

后来就是参加活动了，学院请了四平比较知名的企业人员来当评委，像巨元、制药企业等。几个选手轮流登场，分为自我介绍、企业问答等环节，表现优异的可以获得去当地企业实习的机会，记得我主要说的是微商，即长白山特产的网上销售，自我介绍的部分表现尚可，但是企业问答这块，自己的表现明显欠缺了一些，在回答评委老师的问题时不够全面，略欠思量。然后见识了别的选手的表现，自我介绍可圈可点，企业问答观点犀利，没有对比就没有伤害，着实让自己受教了一阵。

我们都知道，大学毕业时每个人面临着不同的去向，考研、考公务员、就业、创业……每一种选择都代表着大学生对未来的选择和期待。拿就业来说，很多大学生都想一进入社会就能够找到一份自己喜欢的工作，并且能够拿到理想的薪水，这样的机会实际上是不多的。我们更多要做的是拿到一家企业的 offer 后，从自己所应聘到的职位开始，并且凭借自己的态度和业绩使自己在这个职位上不断得到提升。

当然，从学校走向社会，我们首先要面临的一个挑战便是从一个学生转化为一个社会人，我们需要认识到这两个社会角色之间存在着较大的差异。在学生时代，我们更多是单纯地学习课本知识，当我们开始就业，进入社会，不仅意味着继续学习，更多的是将我们在课本上学到的知识应用于实践。学生时代的我们可以选择自己喜欢的学校、喜欢的专业、喜欢交往的人，而进入社会则会更多地被他人所选择。这其中的差异，我们不仅需要在思想上意识到，而且必须要在实际的工作和生活中进行调整，主动地进行两个角色的转换。

在这个过程中，能够感受到学校和社会的差距。我们都清楚，学校毕竟是我们学习的地方，它的学习氛围更浓厚，在学校更多的是学生在为取得更高的成绩而努力。但进入社会，步入工作岗位，便是工作的场所，更多的人是为了获得更多的报酬而努力。当然不管是学习还是工作，其中都存在着竞争，有竞争便有输赢之分，所以我们要不断提高自己的能力。很多人都说大学是一个小社会，但在大学的校园里还是少不了那份纯真、那份真诚，终究还是保持着学生的身份。然而开始工作，走进企业，就要接触客户、同事、上司等，人际关系开始变得复杂，我们需要以新的身份去面对在学校没有面对过的一切。

我们在实际工作中，很多时候会遇到课本上学不到的知识，也可能会出现课本上所学的知识一点都用不上的情况。虽然大学生活不像踏入社会，但也总算是社会的一部分。作为大学生，应该学会与社会上各方面的人交往，处理社会所面临的各方面的事情，所以大学生在大学期间应该多参加一些社会实践，在社会实践中锻炼自己。毕竟，四年大学念完后，就要从大学生变为社会中的一员。那时候，就要开始与社会中的人员进行交流，为社会做贡献，所以仅仅只懂得纸上谈兵对一名毕业工作的大学生是不够的。人生的旅途很漫长，要成为一名对社会有用的，为社会做贡献的人，就要不断地去锻炼自己。当我们进入社会，会收获很多东西，那些都是在学校里和课本上找不到的、学不到的，要有仔细认真的工作态度，要有一种平和的心态，不管遇到什么事情都要去思考，多听别人的建议，不要太过急躁，要对自己所做的事情负责，不要轻易去做承诺，承诺了就要努力去兑现。在学校期间多去接触一些实践性的东西，培养实际动手能力，增加实践经验，对大学生来说是至关重要的。

现在作为入职两年多的职场人，再回首那段经历，就像是大学时光的一簇丁香，沁人心脾，回味悠长；曾几何时，自己一无所知，仅有对职场的憧憬和向往，职场活动是自己第一次的职场经历，让自己提前感受到了职场，看到了自己与别人的差距，有比较方有进步。现在自己职场上还算顺利，有受当初老师和活动的影响。前几日听学妹说"步职有我"职场活动还在进行，我心欣喜，希望活动越办越好，让更多的学子参与进来，让职场活动成为他们进入社会、接触职场的第一课，在这个过程中有经历、有思考、有成长。愿学子们都能不负青春韶华，展翅高飞。

❖ **专家寄语**

致历秋红同学：

人生的花，因努力而常开不败，因拼搏而越发芬芳。你的人生之花，灿烂、辉煌、芳香四溢。是你的努力、拼搏、创造，让这朵花为众人惊叹，让人目不转睛。别让命运太平凡，云淡风轻中我们再努力，也难以挽留什么；莫使人生太激荡，波澜起伏中我们再强求，亦居久常失方向。不惧过去，不惮未来；曾经无畏，当下无争。时光始终锋利如刀，我们终归平静似水，不如愉悦接受现状，踏实向前挪步，连缀看过的风景便是人生，连接走过的脚印就是历史。

——吉林省华生集团人力资源副总监　吴瑶

步职道路上，有你、有我

历秋红

我是历秋红，吉林师范大学 2016 届管理学院毕业生，人力资源管理专业，2015 年在四平天成玉米开发有限公司人力资源部实习，2016 年毕业来到苏州，目前就职于同程旅游，岗位是产品经理，主要致力于系统功能等方面的设计，洞悉 C 端用户的心理，针对系统做出调整，与研发人员对接验收功能，并保证其上线使用。来苏州一年半多，带着吉师精神，不忘初心，不断前行。

伴随着清晨第一缕阳光，微风吹拂在我们的脸上，坐在学校的操场上慢跑几圈，安静地坐下来听听喜欢的歌曲，这是我，一个动静相宜的我；学校的工作中协助老师处理学院生活事宜，做好老师与同学之间沟通的桥梁，这是我，一个善于沟通的我；生活中喜欢抓住一些小细节，也喜欢做一些细致的东西，享受着探索的兴趣以及成功后的喜悦，这是我，一个细致且执着的我；这就是我，不一样的我，我就是吉林师范大学 2016 届管理学院人力资源管理专业的历秋红。

清晰地记得"步职有我"第一季，我作为参赛选手录制自我介绍的 VCR。我当时刚刚大二，还不懂得社会是什么模样，也不懂得以后的求职道路会是什么样子，凭借着一颗积极参加学院活动，积累求职经验的心，我走上了"步职"的道路。刚开始什么都不懂，听完学院老师讲解活动流程以及相关事宜，我们就开始分小组准备起来了。

自我介绍。自我介绍是面试的第一块敲门砖，作为人力资源管理专业的我们，都知道一份漂亮的简历以及优秀的自我介绍中蕴藏学问是很高的，你要在一张 A4 纸张展现出你学习、求职等各种履历信息，还需要表现出你的个人特色以及能力；自我介绍要用简短的话术表述自己的特点以及自己的自信与风采，让面试官记住你。构思好自己想要的场景以及话术后，在校学生会学长的帮助下，我完成了视频的拍摄、剪辑以及配音，就这样敲门砖准备好了。接下来管理学院的赵永光老师开始给我们参加活动的选手进行现场仪容仪表、言谈举止以及开场白的指导。清晰地记得，当时我们相聚在 1115 教室，老师告诉我们语言的技巧，用开场白表述自己来应聘的目的以及期望的岗位以及薪资。在老师的指导下大家不断地练习，然后去现场彩排了一下。由于参赛选手较多，同时我还是"步职有我"的工作人员，我没有登上最终应聘舞台。但是，整个过程以及活动策划的参与，在我人生中留下了重要的一笔，让我开始接触到了社会人，让我了解到了一个活动策划的整体思路和开展过程。同时让我了解到了作为学生人的我，还有很多的不足，还是处在学校这个大光环的照耀下，没有完全暴露在社会中。

随着时间的推移，伴随着大家辛苦的汗水以及参赛选手们紧张的情绪，第一届"步职有我"圆满结束了。回想起当时的情景，学院的老师以及学生会的同学们从零开始，没有举办过这类活动的经验，也不知道四平相关企业的高管是否可以认同我们的参赛选手，我们就这样带着忐忑的心开始策划准备。在结束的瞬间，在闭幕的那个时刻，我们的内心是自豪的，吉林师范大学管理学院"步职有我"品牌建设有了它的雏形，虽然过程中有不成熟的问题，但是我们把这些当成前进的动力，当成我们向前进步的加速器。

有了第一届的经验，在我进入大三的那一年，我们举办了第二届"步职有我"。可以说这一届是锦上添花，活动基本流程保持不变，我们将更多的时间用在了添砖加瓦上，不断细化流程，将冗余的部门剔除，留下精华。当然，第二届也圆满结束了，一些同学拿到了自己心仪企业的 offer。在台下看着大家灿烂的笑容，我内心美滋滋的，仿佛台上的那些喜悦也是属于自己的。

时间飞逝，后来我也迎来了走向社会的时刻。大四那年，我在四平市天成玉米开发有限公司实习，在实习的过程中将学校中学习到的、活动中体会到的感受，全部都应用于我的实践中。毕业后带着一颗"中国这么大，我想去看看"的心来到了南方工作。南方快节奏的工作状态，确实是不允许你有一丝的怠慢，就像我们准备活动时，一环套着一环，很有可能因为某些小的失误就造成了一连串的问题。我也一直带着吉师的精神，不忘初心，一路前行。

管理学院这个大家庭，一直在为学院以及学校做贡献。大家都知道，因为四平的地理位置，高校比较少，但是我们的老师都是在不断努力，让大家得到最好的锻炼。远在苏州听到学院传来"步职有我"品牌建设的喜讯，内心是骄傲的。这个荣誉是整个学院共同努力的结晶，从最初在学院里面开展，参赛选手是本院的学生，到后来拓展到整个学校；受邀的企业也是从四平逐步延伸至北京等其他城市。我相信，将来这个的活动的影响力会越来越大。

职场是一个大的社会，初入职场，不如意之事十之八九，这是很正常的，我们不应放弃梦想。步入职场的这个过程对我们来说是十分重要的，已经毕业一年半的我，刚刚从职场菜鸟转型为职场青年，后面的路途还很长。在这条道路上我会不断调整自己，努力改变自己的工作境遇，在工作中寻求突破，不断地挑战自己，让自己茁长成长起来。相信大家都是这样的，拒绝平庸，在职场旅程中不断发现属于自己的美好风景，拍下属于自己的风采。"步职"道路有你、有我，让我们一路前行，加油！

❖ 专家寄语

致王杰同学：

以奋斗为本，以贡献价值为荣。潮起海天阔，扬帆正当时，让我们以更加旺盛的斗志、更加饱满的激情、更加扎实的工作，为实现我们的价值而努力奋斗。任何时候都可以开始做自己想做的事，希望你不要用年龄和其他东西去束缚自己。年龄不是界限，除非你自己拿去为难自己。人生需要规划，但是意外总是会到，与其强求某时某地达到某个目标，不如顺其自然。当然不是说听天由命，而是听从心的方向，去做到最好。

——中国人寿保险四平分公司个险销售部经理 孙笑一

我自年少，勿韶华倾付负

王杰

我是王杰，吉林师范大学管理学院 2016 届毕业生，公共事业管理专业。

大学是我们人生新的开端，开启了人生的新征程。大学生活与我们以往的的生活不尽相同，我们习惯于老师们传授的定理性知识，习惯于父母无微不至的照顾；身为大学生的我，开心的同时又伴随着迷惘，面对学习我茫然无措，面对生活一团乱麻，没有方向，漫无目的，十分焦虑，然而面对内心的焦虑，我用了最传统的方式，通过阅读来填补内心的空白。慢慢地，我发现大学的学习是自主性的，老师们的授课方式再也不是以前那样传授我们固定的知识，老师们只是起到引导性的作用。在这种教育的模式下，再加上我的沉淀，慢慢平复我焦躁的内心，慢慢摸索我的学习方式。在这个过程中我慢慢学会自主学习，不断发散我的思维，灵活地将我所学的知识应用于我的生活中，举一反三。在学习之余，积极参加各种社会活动，丰富我的阅历，在一点一滴的积累中，我不仅收获了知识，还拥有了交际的能力。我在大学期间，不负韶华、不断进取、不断努力。

就如吉林师范大学校训所言：好学近知，力行近仁。在求知的路上我一路奋进，从未停止过脚步。在日常生活中，文明讲礼。遇挫折时，知耻后勇，不负韶华。在此基础上，我的个人品德、学习能力、个人能力都有了很大提高，这些都是我参加"步职有我"活动的优势，有了这些，无论是在这次活动中，还是在以后步入社会参加其他面试，我都有足够的自信，能应对各种场合。这是因为我在应有的年纪做了我们应该做的事，为我以后的职场生涯做了深厚的积累。

❖ 专家寄语

致邱春良同学：

人群有千面，事物有万端；寻遍江河湖海，踏遍万里山川；十年寒窗磨利剑，只待一朝破天晓；开疆拓土，沃野千里；盼君宁城一聚，共图开沃盛世。希望你们在最美好的年华，加入最具潜力的快车道，不负师长的期望，不负自己的青春。

——北京链家房地产经纪有限公司招聘中心项目经理　蒋同艳

自知自信、职你精彩

邱春良

我是邱春良，吉林师范大学管理学院 2016 届毕业生，人力资源管理专业。

作为一名吉林师范大学学生，我非常荣幸能够作为一名参赛选手，参加这次"步职有我"活动，在这次活动中，我不但收获了知识与经验，也结交了很多优秀的朋友，虽然在遇到困难时也曾苦恼失意，但在不断的努力与克服中，也在不断地成长。下面是我在活动中的一些体会与心得。

一、调整心态，沉着应对

我认为好的心态是成功的一半，只有静下心来，沉着应对，才能应对困难与挫折。我先分享一个有意义的关于积极心态的箴言：我们每个人都随身携带着一种看似消极的心态。积极心态的人并不否认消极因素的存在，他只是学会了不让自己沉溺其中。积极心态者常能心存光明远景，即使身陷困境，也能以愉悦和创造性的态度走出困境，走向光明。积极心态能使一个懦夫成为英雄，从心志柔弱变为意志坚强。在人的本性中，有一种倾向，即我们把自己想象成什么样子，就会成为什么样子。在看待事物时，应考虑生活中既有好的一面，也有坏的一面，但强调好的方面，就会产生良好的愿望与结果。

二、自知自信，勇于展现

再没有优点的人，也是有过人之处的。首先要肯定自己的价值，肯定自己的存在意义。这是一种自信的表现，有些人自信于自己的美貌，有些人自信于自己的才华，外表的美丽会随着岁月的流逝而消逝，而内在的美丽会历久弥新。要勇于展现自己，不怕挫折，不怕犯错，不能因为暂时的困境就对自己全盘否定。记得每天都对自己说：我很优秀。

三、见贤思齐，完善自己

古语云："见贤思齐焉，见不贤而内自省也。"我们应该时刻提醒自己，严格要求自己，不断提升完善自己。在这次参赛经历中，我也结交了很多优秀的人，深刻体会到身边的人对于我的影响是多么重要。古有孟母三迁，就是孟母为了能给自己的孩子提供一个良好的环境。同优秀的人结交，能够拓宽我们的思维，提升我们的能力，让我们逐渐走向成熟，不断完善自己。

四、不怕犯错，知错能改

士季说过："知错能改，善莫大焉。"犯了错不要紧，重要的是能认识自己的错误，及时改正错误，并从错误中吸取教训，这样，才能使人进步，使人类进步。所以，我们要知错能改。

愚者畏惧错误，力求人生之路一帆风顺。他们关起门来，恒守着那一片安宁。他们连面对错误的勇气都没有，而真正的勇士应该是正面错误，不怕犯错，知错就改。

五、专注自律，拒绝拖延

越自律越自由，越自律越精彩，我们一辈子拥有的时间不是无限的，我们能够做的事情更不是无限的，所以在不断探索世界、扩大眼界、博览群书、广泛涉猎的同时，要让自己专注起来，今日事今日毕，拖延只会让自己更加痛苦。

这次的参赛经历，让我更加成熟，更加自信，更加清楚地认识了自己，也通过这次比赛经历提升了自己。

❖ 专家寄语

致杨帆同学：

作为"步职有我"的品牌活动助理，你负责整个活动的协调与统筹工作。正因为一个个环节的完美表现，才确保了整个活动的精彩绽放。每一个普通的改变，都将改变普通。期望你的成长，期待你的成功，期许遇见一个全能的你！

——吉林师范大学管理学院分团委书记　依赛男

静静等待时间的回报

杨帆

我是杨帆，吉林师范大学管理学院 2017 届毕业生，市场营销专业。曾任吉林师范大学管理学院品牌活动助理，现工作于中国联通白城分公司。

转眼间离开大学有大半年了，有时候都不敢相信自己是真的离开了。我曾经走过这里的每一个角落，但这一刻，这里显得遥不可及，故事的主人不再是我。

时间回到 2014 年的 9 月，那时候的我是社联的一名社员。某天老师找到我和王丹学姐，给我们看了一张由他亲自构图的一个现在看来还稍显粗糙的LOGO，他跟我们讲，我们的学生工作品牌要做一个校园模拟招聘。于是故事就开始了。

我们的品牌活动致力于创建校园精品招聘会和优质就业服务平台，建设项目要突出"商务型、现代型、礼仪型"的特征。以此为起点，我们开始不断探索。我和王丹学姐主要负责的是设计宣传和推广，当时对平面设计一窍不通的我，下载了一个简易的修图软件。学了大半天，开始了我的设计之路。那段时间里，我试用过近百张背景图片，更换过几十种字体。海报、展板、横幅、奖杯，已经记不清有多少个版本，最后老师才确定下来。每天和学姐往返于学校和喷绘公司，向工作人员无数次提出我们的要求和砍价，回头再算一下经费有没有超过预算。至今画面感很强的一件事，就是骑着借来的自行车，去钢材店取回刚焊好的 T 字形展板使用的钢管，在学校里飞驰，自我感觉很是拉风。那段时间每天都在忙碌，工作谈不上有条不紊地进行，但是也都能自得其乐。所有宣传用品取回来以后，和同学们一起拉条幅、贴海报、粘展板。宣传工作到此告一段落。

在整个过程中，穿插着各种当时觉得微不足道，但现在看来必不可少的一些工作。比如协同工作中的及时响应，晚上十点钟发给老师的稿件都能及时收到修改建议，学姐能在下课 10 分钟内和我汇总采购活动物品。比如我们对活动品质有要求，便委托资历最老的指导教师赵老师进行培训，最好的摄录硬件和长视频编辑的于老师进行视频制作。再比如社员精诚合作，一起进行耗费体力的搬运工作，场地布置的细节工作，活动结束的收尾工作。前后近两个月的设计准备，现场的精密把控，众志成城才打造一台精致的品牌活动。

那一天是 2014 年 11 月 5 日。学生工作品牌建设项目——"勇往职前"（第二季更名为"步职有我"），在校图书馆一楼报告厅正式开启。

❖ 专家寄语

致刘思宇同学：

机会永远留给有准备的人，步入社会的你们，即将迎接职场的考验，告别了学生时代的青春，在工作中迎接新的挑战。愿你们所做的每一个决定都朝着更加崭新的目标迈进。为了未来好一点，现在苦一点又算得了什么！正值青春年华，何惧狂浪！青春的美丽永远展现在她的奋斗拼搏之中。就像雄鹰的美丽展现在它搏风击雨中，在苍天之魂的翱翔中，正拥有青春的我们，何不以勇锐盖过怯懦，以进取压倒苟安，扬起奋斗的帆吧！在波涛汹涌的大海中不断前行，展示我们这一代人青春的壮美与力量，让我们就像雄鹰一样搏击长空吧！让青春之歌扬出昂扬的旋律，让我们的声明发出耀眼的光芒。

——中国人寿保险四平分公司个险销售部经理　孙笑一

步职有我，精益求精

刘思宇

我是刘思宇，吉林师范大学管理学院 2017 届毕业生，人力资源管理专业。

很感谢有这么宝贵的机会，站在"步职有我"这个舞台上展现自我、分享自我、挑战自我！第一次的懵懂、胆怯和迷茫都已渐行渐远，如今的我有了更多的勇气、底气和更开阔的眼界。在职场上，我们只有争分夺秒地完善自我和提升自我，才能夺取最终的胜利。下面，我将自己参与活动的收获和职场的体会，与大家一起分享。

一、要有长远的眼光和坚定的目标

"古之立大事者，不惟有超世之才，亦必有坚忍不拔之志"。只有眼光既远又广的人，才能在人生的道路上扬眉吐气。

眼光，是一种洞察，是一种对事物的敏锐感。如今社会，不知有多少人为眼前利益疲于奔命，到最后得到的也只有那一点微小的甜头罢了，为何不将眼光放得长远些，为了未来的海阔天空绘制宏伟蓝图呢？目光长远，才会在未来收获意想不到的成功；只有眼光长远的人，才能在人生的道路上扬眉吐气。目光短浅，只能得到蝇头小利；眼光长远，方能真正摘取成功的果实，造就更好的自己。除了要有眼光，还应有坚定的目标。谁在生活中有坚定的目标，谁方可有取之不尽用之不竭的力量。

二、要有条理地运用时间

俗话说："成功总是留给有准备的人。"如何去准备，就需要学会合理地利用时间。"凡事欲则立，不欲则废"，零星时间往往不被人珍惜而流逝、浪费，而一切有成就的人往往都是善于利用零星时间的。充分利用时间，每次都有小小的进步，日积月累就会有很大的收获。勤能补拙，上天总会眷顾努力的人，想成为幸运的宠儿，你就需要更好地利用时间。在生活中，可以制定许多小计划去完成，既提升自己，带来成就感，又可以为生活增添许多兴趣，何乐而不为呢？

三、要知错就改

古人云："人非圣贤，孰能无过？"在我看来，就算是圣贤，也会有错误的，因为错误是不可避免的。但是对待错误的方式，决定了它所能带来的价值。"知错能改，善莫大焉"。如果有错不改，则会一错再错，每次都会在同一个地方栽跟头，且一步走错步步错，如果不及时改正，可能会产生无可挽回的损失。知错能改，才能更好地认识自己，弥补自己的不足，只有这样，人才能成为生活的勇者、强者。不害怕犯错，不害怕失败，把它们全都变成垫脚石，我们才能站得更高，看得更远。

四、要丰富完善自己

在职场上，谁拥有更多的筹码，谁就拥有更多的机会，而筹码就是指的我们自身具备的各种技能和能力。我们不仅需要扎实的知识理论基础，更要有丰富的实践动手能力以及其他可能需要的技能。社会需要的不是只有分数的书呆子，而是全面发展的高素质人才。"金无足赤，人无完人"，每个人都有完善的空间，努力一步，你离成功也就更近一步。我相信历经风雨必能见彩虹，千锤百炼必能成钢铁。

五、要提高自己的情商

衡量一个人的成功指数，除了智商外，还应有情商。在大多数情况下，情商高的人更能成功。情商高的人更具魅力，更能懂得交往的技巧。他们能在交往中让自己觉得舒服，并且能让别人也觉得舒服。能很好地感知他人的情绪，能很好地控制自己的情绪，就能拥有更多的好感，获得更多的社会资源。情商高的人人际交往能力强，从而拥有更多的人脉资源，就会让自己在职场中睥睨天下，纵横驰骋。高情商的人更容易融入周围生活环境、有较强的接受能力、更容易为自己打造良好的工作环境，有更高的工作效率。此外，情商高的人善于结交朋友、搞好各种关系，更易获得升迁的机会，并且更容易保持乐观向上的心态，有更强的进取精神。可以说情商高者得天下！

希望大家可以有所感悟、有所收获，能够在未来的日子里有属于自己的一片碧海蓝天。

❖ 专家寄语

致李晓彤同学：

有一种成功，叫永不言弃。有一种成功，叫继续努力。人们都说：过去的习惯，决定今天的你。过去的懒惰，决定今天的一败涂地。人可以失败，也可以从失败中站起。决不能习惯失败，因为你要知道，身体的疲惫，不是真正的疲惫。精神上的疲惫，才是真的劳累。真正的绝望，是内心的迷茫。

——北京链家房地产经纪有限公司招聘中心项目经理　蒋同艳

厚积薄发不放弃

李晓彤

一、与物皆无累，终年惬本心

不忘初心，方得始终。做最好的自己。有时候，在一个人逐梦的路上会觉得孤单，但我知道没有人能陪我一直走下去，成长的路上注定是孤单的。人生要耐得住寂寞。在单枪匹马的日子里勇敢坚定地大步向前。在浮躁、焦虑的环境中，在人人都向往"成功"的时代，只有不忘初心、脚踏实地、明确目标，发挥自己的优势，弥补自己的劣势，不盲从，才能做最好的自己。路很坎坷，能够做到坚守初心，善始善终很难。相信每个人都有自己的梦想，只是经过时间的打磨，大多数人的梦想已经渐渐地被尘埃覆盖。只要像太阳花一样，每天面朝太阳，那么心里总会有一片清明，可以记得初心。无论生活多么艰难，多么忙乱，只要我们心无旁骛，总能待到水滴石穿的那一天。不忘初心，方得始终。初心易得，始终难守。说到底，还是坚持两字。所有的事情都是因为坚持才有了希望。在准备参加"步职有我"的过程中，我克服了很多困难。精心制作参赛视频，认真准备面试问题。我始终保持良好的心态，坚持不懈去努力，最终获得优秀参赛奖。

二、博观而约取，厚积而薄发

沉潜不是一种失败，积蓄只是一种等待，厚积方能薄发，只有不断积蓄力量，提升自己，蓄势以待，才能在最后一鸣惊人。古人云："博观而约取，厚积而薄发。"此言然也。一次的积蓄力量是等待，不是失败，是为下一次更大的爆发做准备。企鹅登陆不能依靠飞翔的双翅，它们只能拼命沉潜，待到适当的深度，借助它们小巧的双足迅猛向上，一道完美的弧线过后，迎来的便是安全着陆。企鹅的沉潜不是一种失败，而是一种等待，厚积方能薄发。求真务实是为人根本，脚踏实地，才能迸发出能量。生命只有在求真务实中才能开出灿烂的鲜花。屠呦呦，一位在疟疾研究方面工作了近 50 年的药学家，为研究药性，她不惜以身试药，最终苦尽甘来。若不是捧得诺贝尔奖，谁又能识得终身奉献给医学的、默默无闻的屠呦呦。谁终将声震人间，必长久身自缄默。正是因为屠呦呦不追求外在的繁华，埋首医学研究，她才守得云开见明月。作为一名大学生，我们应该利用一切有效资源，来沉淀自己，充实自己，通过量的积累，等待质的飞跃。

❖ **专家寄语**

致李小刚同学：

世界上唯一能不劳而获的是贫穷，唯一可以无中生有的是梦想。没有哪件事，不动手就可以实现。世界虽然残酷，但只要你愿意走，总会有路，看不到美好，是因为你没有坚持走下去。前进不必遗憾，若是美好，叫作精彩；若是糟糕，叫作经历！

——吉林飞鹰职业技能教育集团总经理　陈艾莲

职等你来，因你精彩

李小刚

作为一名大学生，我们更应该具备创新能力以便更好地适应未来社会的发展需求。在平时的学习过程中有意识地培养自身的相应能力。善于动脑联想，遇事多问几个为什么，保持科学的怀疑精神、严谨的思维逻辑习惯和实事求是的科学态度；不怕失败，不轻言放弃，要知道胜利往往在于最后的坚持。

一、认清自己，找准定位

走出校园，初识社会，我们满怀期待，对自己充满疑惑，对世界充满好奇。大四面对就业压力的时候，我们常常会想，毕业后能否找到适合自己的工作？是否有自己舒心的工作环境？一堆疑问在我们心中，没有人能够解答。很明显这些答案只有我们自己才能找到。在应聘工作之前，我们先沉下心来仔细思考，自己有哪些能力是别人不具备的，即自己特有的？有哪些自己的特质值得被别人青睐？自己对自己的定位是什么，自己想要的究竟是什么？经过一番思考，我们会逐渐认清自己，懂得自己想要的是什么。根据自己的意愿，我们就可以去寻找相对应的工作。

二、表达得体，做真实自我

求职中，我们可以将自己光鲜亮丽的一面展现出来，但同时我们也要展现出真实的自己，这才更诚恳，更有说服力。在面试前，我们最好事先对即将面试的公司或企业进行一番深刻的了解，知己知彼，方能百战不殆。例如，了解企业背景、企业文化、企业产品、企业客户群、企业竞争对手、企业组织结构。这些足以显示出你对该企业的热爱和向往。对企业了解越多自然更有自信。与面试官交流的过程中，我们要在短时间内将自己要说的话简练地表达出来，而不是滔滔不绝说个没完。与人交流是门艺术，也是种修为。同样的意思，不同的人说出来给人的感受也不同。交谈时要注意发音准确，吐字清晰，语言要流利。语调要恰当，音量要适中，避免与面试官起冲突。当遇到难以回答的问题时，机智幽默的语言会显示自己的聪明智慧，有助于你化险为夷，并给人良好的印象。回答谁的问题，你的目光就应注视谁，以表示你对他们的尊重。在尊重对方的前提下，我们可以把自己内心最真实的话表达出来。面试中，我们要在适当的时机展现自己。求职面试犹如交谈，应随时注意听者的反应。比如，听者心不在焉，可能表示他对自己这段话没有兴趣，你就需要想办法转移话题。这时，我们在适当的时候可以说一些比较幽默的语言，既可以使谈话增添轻松的气氛，也可以展示自己的气质和从容的风度。总而言之，无论怎样，面试中我们一定要做真实的自己，不要说太多假大空的话，而是将我们真诚的态度表现出来。只有具有独到的个人见解和个人特色的回答，才会引起对方的注意。

三、树立正确的三观

三观，即人生观、价值观、世界观。人生观是指对人生的看法，也就是对于人类生存的目的、价值和意义的看法。每个人都会有自己的人生观，对自己的人生都有自己的看法。但是我们要做到对未来充满期待，敢于挑战自我，做新时代的主人。在求职中具体表现为我们要对自己的未来有明确规划，明确目标，并为了这个人生目标不懈奋斗。价值观是指人们在认识各种具体事物的价值的基础上，形成的对事物价值的总的看法和观点。在求职中表现为我们应该树立正确的择业观，有一定的为人处世原则和准则。这种原则都会有底线，在为人处世中我们都不能触碰甚至越过。随着环境的变化，我们要及时适应并且调整自己。世界观是指人们对整个世界的总的根本观点。在求职中的体现主要是我们要认清一个事实，即社会上的人因社会地位不同，观察问题的角度也不同。我们要站在不同角度看问题，懂得换位思考。

四、不忘初心，砥砺前行

我们早已不是初入大学校门的青涩少年，再也不是依偎在父母怀里的孩子。我们如雏鹰展翅纵崖般带着自己的初心和期待，在蓝天翱翔，希望能闯出属于我们的一番天地。无论将来有多少艰难险阻，我们都不要放弃，不回头，勇敢地奔向我们的梦想。努力终究会得到回报，如果说大学时期在你的心里播种了成功的种子，那么毕业后的工作历程将会是你悉心照料它的过程。终有一天，它会开花结果，当你亲手摘下成功的果实，那时的滋味一定回味无穷。

❖ 专家寄语

致崔洋同学：

每一天都是一个新的开始。人生需要一个好的心态。一些生命、一些时光、一些过往，经历风、经历雨，仍盈润得如晨中的一朵荷香，如眸中的一缕清波，如水色中的一锦华年。生命是一分懂得，一枚厚重。流年是一本书韵，过往是一曲红尘，而时光则是一树温润，一窗明媚，和繁华中的一指花开花落。

——吉林省华生燃气集团人力资源副总监　杜巍

新目标、新方向、新作为

崔洋

我是崔洋，吉林师范大学管理学院 2016 届毕业生，财务管理专业。我将参加"步职有我"活动的收获和职场的建议，与大家分享。

一、明确定位，树立目标

首先，作为初入职场的我们，要随时做好准备，准确定位，树立目标。机会永远都是留给准备好的人。你要应聘某个工作，必须拥有一定的职业技能，这就必须要求你为之做出努力，没有准备，祈求蒙混过关是行不通的。群众的眼睛是雪亮的，你是金子或石头，一试便知。同时，一定要给自己进行定位和树立目标，不能盲目地度过四年，要制定好计划并按照计划实施。可以确定一家毕业之后想去的企业，并从各方面了解企业的信息以及文化。还应该树立自己的榜样，并以此为努力的方向。

二、提高语言表达能力

在求职中，口才也就是口头表达能力是非常重要的，要善于倾听别人说话和发表自己的观点。在别人发表某观点时，如果别人犯了严重的价值错误或道德错误，应该直接否定他的观点；如果别人说的有错有对，有部分没有道理但是也有符合事实的地方，那么不要过于绝对地说别人是错的，应该说"我觉得您说的有一定道理，但是我有一些不同的看法……"并不一定要让对方觉得很舒服，但是你说出来的话不要让对方觉得很不舒服。这不是什么圆滑，这是应有的为人处世之道。所以，温和是一个自然的趋向。我认为温和是尊重的一种体现，尊重每一个人，尊重每一个职业。其实很多时候，一个人否定他人的意见，更多的是为了表现自己。这是一个坏习惯，应当避免。人不一定要这样去表现自己，这种表现没什么意义。只要在平常的状态中，在正常的对话中体现出来就可以了。也就是说，我们所持的应该是一种与他人合作的态度，而不是对峙。语言是一门艺术，大学生求职，显然有些人忽视了这一点，还显得有些青涩，有些紧张甚至是不能清楚地表达自己。我想这是我们常见的问题，在今后会特别注意，努力去克服这些问题。

三、提高自身综合素质

首先，我们应该认真努力学好专业知识，尽可能运用到实践中去。面试官面试的不仅是你的眼界和你的性格，更多的是你的专业知识。只有将专业的基础知识学好，才会在运用时得心应手。我们更应在日常生活中积累知识，之后把积累的知识运用到学习和生活中，做到游刃有余、融会贯通。只有如此，我们才能有超过常人的表现。但最重要的还是综合素质。虽然良好的教育背景在求职的过程中会让你加分，但学历不是最重要的，名校也不是决定性的，良好的职业规划，充分的专业知识准备，有良好的应变能力和个人修养，这些都是很重要的因素。如果你能够一直很乐观，保持微笑，有很强的亲和力，无疑会给你加很多分。谁会不愿意每天面对一个充满微笑的同事呢？

四、坚定信念，勇往直前

在追梦的道路上难免迷失方向，但绝对不要放弃。我们一定要怀着一颗向往美好未来的心，并保持期待。在选择的方向上施展自己，锤炼自己，全面发展自己，将理论与实践相结合，并始终坚持你所选择的方向。我曾听说过这样一句话："人生最大的骄傲就是在成年时实现童年的梦想，我愿在追梦的道路上砥砺前行。"我想我们应该将此落实到行动上，且一直谨记着自己的初心，在这虚华的尘世从未迷失自我。这样的砥砺前行终会赢得他人的青睐，梦想成真。在追梦的路上，我们要拓宽自己的眼界，增加自己的阅历，把眼光放到社会上去，勇敢去尝试一些新的事物，开拓自己的视野，丰富自己的人生经历，使自己成为一个有故事的人。绝不能存有上大学就轻松了的想法。大学不存在轻松，更不存在懒散，大学依旧是一个努力的地方，依旧是一个需要拼搏的地方，依旧是一个需要我们活得精彩的地方。让我们退去浮躁，保持初心，砥砺前行！

愿你在被打击时，积蓄力量，抵抗恶意；愿你在迷茫时，沉淀自我，坚持自我，爱你所爱，行你所行，听从你心，无问西东。

❖ **专家寄语**

致王丹同学：

把工作当享受，你就会竭尽全力；把生活当乐趣，你就会满怀信心；把读书当成长，你就会勤奋努力；把奉献当快乐，你就会慷慨助人。职场的新人，面对工作压力，只能咬牙挺住，逃避和退缩都不是明智之举。千万不要为了逞一时之快轻言放弃。对于新人而言，磨炼、积累、提升是当务之急。在工作中，我们要找出自己的优势点强化优势。痛定思痛，接受受挫的事实，克服工作中自身存在的问题。确立目标，分析思考。

——百威英博（中国）销售有限公司　张盛华

学习很美丽，努力更美丽

王丹

我是王丹，吉林师范大学管理学院 2016 届毕业生，人力资源管理专业。

作为"步职有我"的负责人，开始我对这份工作充满着好奇与激动，然而伴随着任务的加重，我有些消极。做视频，放视频，PPT，灯光等，都是我所没有接触过的领域，对于这份工作充满着不自信。可是在长时间的准备过程中，身边的老师、同学，以及一些成功的社会人士让我明白了，让我突然醒悟了，也更清楚地认识了自己，认识了自己的能力。

大学校园，远离社会喧嚣，莘莘学子很少真正接触到社会现实，理论知识与实践之间或多或少地存在着脱节，这些使得我们大学生在刚走出象牙塔后显得无所适从。如果说在校园里的生活就像一个梦，那么这样一个可以真真切切接触到社会工作生活的机会更像一个闹钟，把大学生从梦中敲醒。告诉自己，提醒自己，得加油！否则，你将一事无成。

一、莫等闲，白了少年头，空悲切

我们需要有不怕吃苦的精神。可以说，这次的后期工作是综合能力的一次全面考验，除了考察我的水平和理论知识以外，还考察了我的处世态度，做人原则以及处事方法，简而言之，就是考察我是否懂得做人。勤奋是首要的，到得最早走得最晚，通宵达旦，这些都应该是家常便饭而不是邀功领赏的资本，因为我胜任这一份神圣的工作，我也同样是来学习的；主动与老师交流同样重要，要学会虚心听取别人的意见和建议，要积极努力去配合各个部门的工作，只有这样不断地去发现问题、解决问题，我们才会有进步的空间，这个做后期的经历也就有了它真正的意义了。

我觉得在此期间，勤快和积累人脉对我来说很重要。作为一名大学生，我所欠缺的，就是社会经验、职业素养以及一些基本的工作技能，所以我必然会从一些基本的工作做起，比如说，对于自己不会的东西，不仅要从点滴开始累积，更要发挥自己的主动性，多观察，不断地发现、发掘自己能做的工作，循序渐进地进入工作体系。我要利用这次"步职有我"的机会，想清楚自己要走的路，趁着这次活动多听、多看、多认识人，提高求职的综合素质。正如活动里的老师们说的那样，人际关系的处理是头等大事。

二、落日无边江不尽，此身此日更须忙

1. 学习心态

通过这次的"步职有我"活动，我发现，优秀的人很多很多，整个世界都在进步，要想成功，想超过千万个甘于平庸的人，就得不断学习。学习才是永续成功的动力，"逆水行舟，不进则退"。人生亦如此。社会在发展、在变化，在知识飞速发展的今天，不加强学习，提高自身修养，将无法适应高速发展的社会，更无法把工作做好。华罗庚教授曾经说："勤能补拙是良训，一份辛苦一份才。"是的，不聪明没有关系，只要勤奋学习就可补拙。只要勤奋学习，每天进步一点点，总有一天会成为飞过沧海横过大海的海鸥。要善于思考、善于分析、善于整合；向成绩好、阅历高的人学习、多问，也要向人品好、能力强、有亲和力的人弯下腰来。

2. 付出心态

付出就是"舍得"中的"舍"，先舍再求得，要想获得成功，必须先付出。在这次"步职有我"的活动中，只有我们每个人都真心付出，全力去帮助别人，才会得到同样的回报。付出多少就会得到多少，付出的越多得到的就越多，但前提条件是你必须先付出。

付出的心态，是一种因果关系。舍的本身就是得，小舍小得，大舍大得，不

舍不得。不愿付出的人，总是想省钱、省力、省事，最后把成功也省了，世界上没有免费的午餐，想想从古至今哪一位成功人士取得的成就能缺少艰辛的付出。俗话说得好：要想人前显贵，就得人后受罪。付出和获得是辩证统一的。

3. 宽容心态

宽容的心态是人际关系的润滑剂，是人与人交往的一种艺术，也是立身处世的一种态度，更是一种人格的涵养。每个人都希望得到别人的赞美和尊重，希望别人包容我们的过错，但如果你都不赞美和尊重别人，包容别人，怎么能得到别人的尊重和包容呢？

如果说平和的心态能让我们以从容和淡定笑对人生，那么宽容的心态则让我们的胸襟更开阔一点，给自己留下来一片海阔天空。还要学会"放下"，把所有的事情特别是不如意之事放下。一要容言，二要容嫌，三要容人，四要容错。

每一日你所付出的代价都比你前一日高，因为你的生命又缩短了一天，所以每一日你都要更积极。今天太宝贵，不应该为酸苦的忧虑和辛涩的悔恨所销蚀，抬起下巴，抓住今天，因为它不再回来。

❖ 专家寄语

致顾彩钰同学：

未来的世界，方向比努力重要，能力比知识重要，健康比成绩重要，生活比文凭重要，情商比智商重要！漫漫人生路，我们一定要在工作之前学会如何做人！青春在奋斗中展现美丽，青春的美丽永远展现在她的奋斗拼搏之中。就像雄鹰的美丽是展现在它搏风击雨中，在苍天之魂的翱翔中，正拥有青春的我们，何不以勇锐盖过怯懦，以进取压倒苟安，扬起奋斗的帆吧！在波涛汹涌的大海中不断前行，展示我们一代人青春的壮美与力量，让我们就像雄鹰一样搏击长空吧！让青春之歌唱出昂扬的旋律，让我们的声明发出耀眼的光芒。

——吉林省君汇集团副总经理　高俊

收获在于谦逊

顾彩钰

我是顾彩钰，吉林师范大学管理学院 2016 届毕业生，财务管理专业。

作为大学生的我们在参加面试的时候需要的不仅是专业知识，更多的是一种态度，一种谦虚谨慎的态度。谦虚是永远不会吃亏的，很多大学生在求职过程中往往就是败在面试礼仪这方面。面试礼仪是求职面试过程中需要过的第一关，作为大学生的我们在求职过程中没有工作经验就更加应该懂得大学生面试礼仪，以谦虚的态度机智应变求职过程中的所有考验。谦虚诚实永远是人的美德，也是做人的重要标准之一。基于此我们要做到：首先，不要自以为是，不懂装懂，摆出凌驾于他人之上的架势。其次，不要谦虚过度。过度的谦虚是大学生面试礼仪的大忌，有的人把谦虚错误地理解为自我否定，所以在面试时顾及面试礼仪，不好意思谈自己的特长、优点与经验，或者轻描淡写，或者否定自己，结果只能被淘汰。应用客观的语言来叙述，切忌过度地自我夸奖和赞扬。

一、细节在于观察

细节也是一个很需要注意的事情，我们在做事时，常常会忽略细节，总以为这是一个小问题，其实这才是很容易出现的问题。注重细节，从小事做起。看不到细节，或者不把细节当回事的人，对工作缺乏认真的态度，对事情只能是敷衍了事。注重细节的人，不仅认真地对待工作，将小事做细，并且能在做细的过程中找到机会，使自己走上成功之路。

工作中无小事。点石成金，滴水成河，只有认真对待自己所做的一切事情，才能克服万难，取得成功。我们必须相信自己，正视开端。任何大的成功，都是从小事一点一滴累积而来的。没有做不到的事，只有不肯做的人。想想曾经历过的失败，当时的我们，真的用尽全力，试过各种办法了吗？困难不会是成功的障碍，我们自己才可能是一个最大的绊脚石。

二、成功在于积累

天道酬勤，水滴石穿。无数事实证明，成功需要积累经验，需要积累能力，需要积累成绩，而这一切都离不开恒心和坚持。任何微小的量变，我们只要能坚持不懈地朝着一个方向努力，最终必将导致质的飞跃。古人说："千里之行，始于足下；九层之台，始于垒土；合抱之木，生于毫末。"我们若能每次进步一点点，持之以恒，就一定能积小胜为大胜，变平庸为神奇。

三、改变在于适应环境

有人说，伟人改变环境，能人利用环境，凡人适应环境，庸人不适应环境。这话有一定道理。面对环境，我们既无改变环境的抱负与魄力，也没有利用环境的能耐，那就只有适应环境了。我们大多数人只把自己定位在凡人的位置上，而绝不愿意让自己成为一个庸人。作为一个凡人，成功与否，主要看与自己生存的环境的融合程度。适应就意味着对自己的改变，因为同一个环境里生活着许许多多的人，而我们每一个人的性格、志趣、学识、能力却不尽相同，对环境的要求是千差万别的；因为社会环境的变化发展是不以我们的主观意志为转移的，常常超出我们习惯的生活轨道。世界不在我们的掌握之中，但命运却掌握在我们自己手中。我们不得不改变自己，让自己融于环境之中，与自己生存的环境和谐共存。其实，我们每一个人都有缺点和不足，这是客观存在的事实。有些缺点与不足如果无伤大雅，与环境不会形成尖锐的冲突，是可以忽略的；但有些缺点与不足由于与环境形成了尖锐的矛盾，将会严重影响我们的生存和发展，改变我们的人生轨迹，那就要下决心予以克服。

四、未来在于创新

创新是人类特有的认识能力和实践能力，是人类主观能动性的高级表现，是推动民族进步和社会发展的不竭动力。一个民族要想走在时代前列，就一刻也不能没有创新思维，一刻也不能停止各种创新。创新在经济、技术、社会学以及建筑学等领域的研究中举足轻重。

❖ **专家寄语**

致李响同学：

青春像远逝的风筝，被风吹得无影无踪。回首大学四年，我们在学习与成长中度过，充实又满足，真正的人生旅途才刚刚开始，希望你能够满怀热情，勇往直前地去实现自己人生的理想。

当现场求职与大学平台相结合

李响

我是李响，是吉林师范大学 2017 届管理学院毕业生，人力资源管理专业。2015 年，参与管理学院第一季学生工作品牌建设项目——"步职有我"活动，是其中一名普通的秘书员。2016 年，我以吉林师范大学管理学院社联秘书长的身份成为第二季"步职有我"活动的负责人之一，为大学时光增添了一笔浓厚的色彩。

一、感言：高校就业平台现状

目前，大学生毕业就业难已经成为当代热点问题。在国家鼓励就业创业的政策下，大学也更加注重学生就业创业教育和就业机会。吉林师范大学在原来传统的企业宣讲会、校园招聘会的基础上，推出了现场招聘求职的大型招聘活动——"步职有我"，为高校就业平台提供了新的发展思路，也为在校大学生尽早提供了更合适的实习和就业机会。

二、活动创作背景

吉林师范大学位于吉林省四平市，是四平市唯一一所省重点高校。由于地理位置偏远，难以与其他高校合作举办招聘会，传统的宣讲会形式单一机械化，收效甚微。在这样的现实压力下，吉林师范大学管理学院从电视节目《职来职往》《非你莫属》中受到启发，尝试打造一个学生和企业高管面对面交流的活动，"步职有我"应运而生。

三、活动前期准备

首先准备详细的活动预案，包括活动环节、嘉宾拟请、经费预算、人员分工、宣传广告、礼仪公关等，随后正式准备。吉林师范大学管理学院苏玉刚书记带领学生负责人与四平市各大集团公司高管进行大学生实习工作的合作交流，介绍此次活动并邀请其作为活动嘉宾。分别同四平华生集团、四平巨能集团、宏宝莱等企业进行了深入交流，并得到了高管的理解和支持。由社联文体部主要负责广告宣传和商家赞助洽谈，社联秘书处负责人员安排，科技技能部进行摄像采访，分团委进行后台网络维护，学生会负责人员支持和后勤保障。学院所有工作人员各司其职，井井有条地进行着各自的工作，这为活动的顺利开展奠定了基础。

四、活动过程环节

"步职有我"活动经过前期的准备宣传和报名预选，最终有6名来自不同学院的大三学生进入现场求职环节。活动场地选在校图书馆会议厅，可容纳近2000人，学校领导和各学院学生纷纷到场进行观看。现场活动分为3个环节，分别为自我介绍、才艺展示和高管一对一提问。首先主持人介绍各企业概况和高管嘉宾，观众席的校领导和学生代表可与高管嘉宾进行简短的提问沟通，随后选手上台与高管现场交流互动，播放VCR自我介绍并从自己想要争取的岗位出发展示特长和优势，高管再对选手进行专业技能方面的提问，以便于检验选手的综合能力。在三个环节过程中高管嘉宾可以选择继续亮灯或灭灯，最终亮灯的高管可以争取心仪的选手来到自己公司实习就业，并现场签订实习协议。

五、活动影响和感想

整场活动氛围活跃，观众投入，得到了校领导的赞扬和支持。参加此次活动的选手可以在本地尽早争取到实习工作机会，选手也在与企业高管交流的过程中更好地认识自己，了解自己的不足，增加了求职面试的经验，以及完善自我提升能力。学生观众也从学长学姐现场表现中吸取面试应聘的经验，为大四的实习尽早准备，增加了对目前企业、就业形势和应聘过程的了解。此种现场求职活动还为学校学生提供了便捷的实习机会，也为学校展示了新型就业渠道。

"步职有我"现场招聘求职活动首先让我体会到做任何事先要对自己有信

心，要充满自信，这是成功的前提；其次要做好充分的准备，哪怕一点点，也会发挥用处；最后要熟悉自己的专业知识，因为不熟悉，所以回答不出问题，因此多半会失败。这是我受到的教训和鞭策。

从一路的求职经历来看，目前多数大学生打的是一场准备不充分的仗，面对毕业后想从事什么样的工作、想去什么样的公司、为此应该采取什么样的行动等问题，大多数学生没有明确的目标，要走多远、怎么走没有过多考虑，很多同学到了大四当大家都开始找工作的时候，才随着大浪开始了求职路。"步职有我"活动的开展，为学生们提前展示了现实的求职过程，引发了学生们的思考，更激励了学生们为即将到来的求职做好充分准备。这是此次活动最终的目的和想要达到的预期效果。

六、活动总结

当代大学生，处于科技大发展的时代。互联网为我们带来便利和更多机遇的同时，也为我们带来了新的问题。如何能够在新的浪潮中把握自己，不迷失方向成为我们每一位大学生的思考。随着新型 IT 行业的发展，当林林总总、眼花缭乱的科技公司摆在我们面前时，能否透过现象看本质，能否沙海淘金选出真正有发展有实力的正规公司，是每一位即将实习的大学生所面临的深刻考验。平时在大学中不仅要学好文化知识，还要更好地实践应用，开拓自我眼界，了解当代企业形势，提升自我能力，增强自信和实力才是最终应聘成功的关键。"步职有我"现场求职活动为在校大学生提供了更早地接触企业、了解企业的机会，启发了更多的在校大学生尽早开始就业思考，也为目前校园就业平台提供了新的思路，是一项优秀的校园活动。

每一项活动的顺利开展都离不开所有工作人员的共同努力。很庆幸在大学时能跟老师一起举办这样有意义的现场求职活动，为我们在校大学生提供了更多的就业机会，也为其他学院的在校大学生上了一场鼓励人心的求职指导课。希望"步职有我"活动能够越办越好，能够更多地为在校大学生提供就业机会，能够为母校——吉林师范大学争得荣誉。

❖ 专家寄语

致王雅慧同学:

喷泉之所以美丽,是因为水有了压力;瀑布之所以壮观,是因为有了落差。人亦如此,若没有压力,潜能得不到开发,智慧也就不能开花,最大的损失还是自己。偶尔给自己一些压力,适时让自己绽放一次,你会发现自己很优秀,很超凡。

勇往直前　步职有我

王雅慧

我是王雅慧,是吉林师范大学 2016 届管理学院毕业生,公共事业管理专业。

在第一季中,作为一名主持人,我感受到了在职场中竞争的那份残酷,同时也对职场充满了好奇心,想在职场中一展身手,因此我参加了第二季的"步职有我"。在这一次的活动中,我是参与者,收获到了作为旁观者从未有过的体验。

一、机会总是留给有准备的人

古人云:"凡事预则立,不预则废。"机会总是垂青有准备的人。为了得到一份满意的工作,我们要早做准备。强化英语口语水平;简历早早地就做好了,并不断更新改进;看看网上的一些求职文章和经验之谈。在舞台上,所有选手都准备充分,将自己的水平和实力发挥到极致,努力朝着自己希望的目标前进。各位选手的出色表现,令我不禁感叹"如今的时代已不是死读书的时代"。你是金子或石头,一试便知。因此这给我的启示是:必须踏踏实实做学问,为你未来的工作付出应有的努力。

二、摒弃侥幸心理,百炼成钢

以前的我只知道我们以后的竞争压力很大,但是大到什么程度,难到何种境界我也不清楚;以前的我只知道在找工作时一定要面试,但是具体怎样面试,是怎样的情况我依然是懵懵懂懂的。但通过参加这次活动,我对职场有了新的认识。整场活动都充满了正式感和专业感。没有人认为这是一场儿戏，从开始就向我们展示了什么是应聘，什么是社会现实。必须要有区别于众人的优势特长才会脱颖而出，只有实力、人品和才华才是衡量你与他人的唯一标准。

三、交际的态度与技巧

社会是一个人与人相互交织的集体，这就必然要求有人际交往活动。因此，人际交往的态度与技巧就显得格外重要。招聘过程中，选手们在高管团前表现得礼貌谦逊，言语自信但不张扬，能清晰条理地去表达自己的想法。我认为选手与高管团的良好交流沟通也是达成求职愿望的一大重要因素。

四、成功无法复制，勤乃关键

中有毛泽东"世上无难事，只要肯登攀"，外有富兰克林"我从未见过一个早起勤奋谨慎诚实的人抱怨命运不好"；古有韩愈"业精于勤，荒于嬉"，今有鲁迅"哪有天才，我是把别人喝咖啡的工夫都用在了工作上了"。无一不说明勤的重要性。勤，指做事尽力，不偷懒，尽力多做。在"勤"的过程中，你不断获得新的经验，并且你会在一次次的"勤"后更新你的经验，这些经验就是你成功路上的最有利的因素。就和做陶泥一般，从一开始的一团乱泥巴，一步步塑型，最终变成一件完美的陶艺品。你在一旁默默观看学习，总不如自己实际操作一番来得痛快。因为在操作的过程中，你会遇到许多不曾预想过的问题，你也会产生之前没有预想过的方案去解决，这就是经验，通过反复地做即产生勤。

所谓的成功学，只属于创造出成功的那个人，也只供他本人使用，他人无法复制。也许有人会说，我就是照着他的成功学获得了成功。但是在我看来，他在去往成功的路上，必然做了许多事，比如遇到了挑战，或者和团队一起解决商讨了某个问题等，这些经历都是他独一无二的。复制别人的成功学只是一个噱头，付出的努力才是真的，这就是勤。

❖ **专家寄语**

致周航同学：

其实人与人之间本无太大的区别，真正的区别在于心态，"要么你去驾驭生命，要么生命驾驭你。你的心态决定你是坐骑或是骑师。"在面对低谷时有人妥协，有人奋起抵抗，走出困境继续追求梦想，愿我们都能成为后者。

——北京坤德元亨房地产经纪有限公司总经理　商大伟

有为才有位

周　航

我是周航，是吉林师范大学2013届管理学院毕业生，公共事业管理专业。

一、个人简介

周航，女，2013级管理学院公共事业管理专业学生，现就职于中国南方航空股份有限公司。

在校期间，我在校团委广播站担任副站长一职；在学院担任辅导员助理一职；在班级担任团支书；吉林师范大学金话筒杯主持人大赛第八名，并获得最佳人气奖；吉林省四平市共青团委演讲比赛第二名；吉林省国防部教育部演讲比赛二等奖；曾多次主持校迎新晚会、校级舞蹈大赛等大型活动；多次获得优秀学生干部称号、积极分子称号。

二、心得与感悟

很荣幸在大二的时候得到老师的信任，我组织并参与了"步职有我"活动，作为主持人，在这次活动中，我学到了很多有意义、有价值的东西。

一位选手要面对来自各大公司的HR，甚至总裁，这对许多人来说是大好的机会，却也是不小的挑战。对于我们应届大学生来讲，也是一个提前了解职场，了解社会的机会。在这个活动中，我们能够以一个旁观者的角度，冷静、理性地看待求职面试这一机遇，并发掘出自身的优缺点，加以修正，成为面面俱到的人才。对于未来，我们有所期望，却又有些迷茫。考研还是工作？要不要出国深造？自己的专业与工作是否是自己的兴趣所在？是坚持？还是拼搏？很早就和一些师兄师姐们聊起有关找工作的话题，回味着他们千奇百怪的回答，他们中间有泰然处之的，有无可奈何的，也有那种屡战屡败、屡败屡战的。

在活动中，很多选手展示了很多专业性的技能，比如点钞、珠算等，同样，在这个社会中，步入社会需要技能，适应社会也需要技能，这是一种让自己能够在生活中乘风破浪的能力。总而言之，面试就是推销自己，做一个求职面试者应该深刻认识自己，根据自己所学专业、兴趣爱好、特长，确定自己要应聘的职位，并要有良好的表达能力，能与老师顺利沟通。在面试过程中要对自己所要应聘的岗位有一个深刻的了解。不能卖弄学识，夸大经验。同样，在面试过程中要学会倾听，把握自己所言的内容，认真回答面试官所提问的问题。

大学四年，再到如今步入社会，让我体会最深的一句话就是：有为才有位，这是我大一的时候，一位书记在新学期致辞的时候说的，让我印象颇深。当你有所作为，努力把一件事情做到极致、尽全力之后，才会获得你应得的位置、应有的回报。的确，无论是在校园生活中的我，还是走出校园步入社会的我，都一直秉承着并体会着这一点，当你在你所在的岗位默默努力、上进，最终，一定会有所收获、有所作为。

成长，就是一个不断试错的过程，应聘工作也一样，在这个过程中，不断尝试、不断积累、不断经历，将失败过的、错过的东西加以改正和改进，成功一定就在不远处。

❖ 专家寄语

致王钰逍同学：

成也细节，败也细节。忽视细节，会付出惨痛的代价；只有重视细节，重视小事的人，才能取得成功。工作生活开始之际，一切从零开始。实现梦想比睡在床上的梦想更灿烂。不忘初心，方得始终。任何时候调整自己的心态很重要。人的生命价值不是取决于生命获得了多少，而是取决于生命付出了多少。

——四平天成玉米有限公司人力资源总监　刘月友

步职有我，感恩有你

王钰逍

我是王钰逍，是吉林师范大学 2018 届管理学院毕业生，市场营销专业。

2014 年的冬天，我有幸观看了"步职有我"第一季节目的录制，当时的我一边惊讶于大三就可以有这样的机会与这么多优秀的企业高管交流并获得职位，一边又被台上学长学姐们优秀的履历以及机敏的临场表现深深折服，因此我暗暗下定决心，要在大学期间好好努力，争取在大三时也可以像这些学长学姐们一样，登上我梦寐以求的舞台。

有了目标就有了动力，我的专业是市场营销，同时这也是我的兴趣所在，为了达到"步职有我"参赛选手的水平，我必须先把自己的专业学好。因此，我先从课内抓起。

大家都知道市场营销是一门涉猎极广的专业，但就像大树要想枝繁叶茂，根必须扎得足够深一样，我也必须先把基础知识学好，把根基打好。从大一到大三我一共获得 5 次专业一等奖学金和三等奖学金，并考取了计算机二级、英语四级、普通话等证书。

课余时间我则专注于提高自己的社会实践能力。大一期间我先是跟着杨帆学长担任兼职猫校园大使，主要工作内容是给同学们和商家推广兼职猫这个软件，使商家和同学在这样一个安全有保障的平台上达成交易，避免中介从中抽取差价。这个过程提高了我的宣传水平和与人沟通的能力，并与小市场近 30 个商家达成了良好的合作关系。与此同时，我还加入了校社联的星微工作室，主要学习摄影和摄像技术，也掌握了 PR、AE、PS 等软件的操作，这一切都使我受益匪浅。

大二时，我和星微工作室的小伙伴们一起成立了青柠映像网络媒体平台，我主要负责帮助青柠映像的微信公众号建立与商家的合作以及推广公众号。后期由于青柠映像这个项目运转不错，我们就参与了第二届"互联网＋"大赛并获得了吉林省省赛铜奖。除此之外，我还参加了吉师行知讲堂，担任《苹果为什么这样红》这期的主讲人，讲述了苹果公司产品为什么能热卖的营销秘诀。大二期间我总结了大一社会实践中的技巧，同时也增强了我的演讲、活动、组织与策划等方面的能力。

大三是我将所学知识集中利用起来的一年，在侯岩老师的带领下，我与其他八位同学一起创立了 SYB 创业协会，目的是培育和培养更多的创业人才。我们会利用自身所学，举办创业类的讲座，或与公司达成合作关系，给同学们提供更多的创业条件。协会创立初期，我们先是与娃哈哈公司达成合作，同学们组织营销团队，销售额前三的团队可以获得娃哈哈公司颁发的证书以及获奖奖金，最后，协会帮助组织参赛的五支队伍全部圆满完成销售任务。除此之外，我们还创立了校园文化纪念品的项目，现在在侯岩老师的帮助下已经有了独立的工作室。大三期间我还参加了很多比赛，获得了第三届"互联网＋"吉林省省赛银奖，第七届全国大学生电子商务吉林省赛三等奖，吉林省创业之星大赛优秀奖等荣誉。

回首大学三年，感慨颇多，正是在"步职有我"这样一个活动的激励下，我一直未敢放松，砥砺前行。当我得知自己可以参加"步职有我"的时候，内心一直很激动。直到参赛日期具体确定下来时，我才隐隐感到了紧张。因为参赛的其他选手，都是各个学院非常优秀的同学，而我要想获得心仪的职位，就一定要有过人之处。好在"步职有我"的活动准备得十分周密，赛前先是有老师给我们进行礼仪指导，另外，"步职有我"的主持人，也给我们在舞台上表现的方向上提出了很多中肯的建议，在我的才艺展示环节，主持人就建议我展示与市场营销相关的技能，于是我就想到了大一时学习的 AE 软件并用它给"步职有我"活动做了一个片头。

正式比赛的时间是在下午，我们上午又进行了一次彩排，由于我是第一个出场的，没有可以参考其他同学表现的机会，所以彩排时我的表现差强人意，经过反思，我发现可能是我在进行自我介绍的时候修饰的词语太多，反而束手束脚，因此我决定在上场的时候，抛开这些堆砌起来的华丽辞藻，自信地用台上的表现来告诉高管们自己是一个什么样的人。同时也告诫学弟学妹们，"步职有我"就是一个展示真我的舞台，用一颗平常心来对待，你才能获得最好的结果。一旦心态稳定下来，上场我就有了底气。先是视频展示环节，看着视频中的场景，之前参与活动的一幕幕又呈现在我眼前，突然就很感谢自己曾经做出的一切努力，因为正是有了这些努力才成就了今天站在舞台上的我。想到这里，之前的紧张情绪全都被我一扫而光。接着到我的才艺展示环节，感谢主持人给我的建议，我的片头赢得了大家的一致认可，我的信心更足了。第三个环节是高管对我进行提问，分别问了我作为一个女生如果遇到应酬不得不喝酒我该怎么做，以及如何把一张白纸卖出高于它本身价值很多的价格等非常契合我的专业和工作的问题，我根据自身的理解一一回答。很荣幸的是到了最后，台上的高管都为我留住了那盏灯，我最终选择了 21 世纪不动产为我提供的网络营销的职位。一是因为北京是我向往的城市，二是因为网络营销可以让我学习更多的网络推广技巧，弥补我现有技能上的空白。至此，我三年之久的期盼，终于圆满。

关于"步职有我"我可以谈的很多，但是，对于我来说更多的是，它曾指引了我大学前行的方向。对我而言，它是导师一般的存在。仍然记得大一看"步职有我"的时候，那些学长学姐们晒出的一张张证书，各种参与社会实践活动的照片，以及他们在台上自信潇洒侃侃而谈的瞬间。是他们告诉了我未来应该是什么样的，也是他们告诉我，不虚度大学光阴，不断充实自己，最后可以多么光彩照人。

第四季"步职有我"开场的时候我也去了现场，看着台上自信展示自己的选手，很幸运在里面我也看到了去年台下看到过的熟悉面孔，我想，这也许就是传承吧。台下的人会成为台上的人，而台上的人，则会怀揣着"步职有我"这个舞台赐予的宝贵经验走向更好的远方。"步职有我"，感恩有你。

❖ **专家寄语**

致陈鹏同学：

人生就像一场搏斗，把握住机会的人，才会取得成功。善于把握时机，关键时刻才能充分发挥自己的优势。时机是很重要的，时刻准备着！

——（21世纪不动产）北京坤德元亨房地产经纪有限公司总经理　商大伟

把握机会，奔向成功

陈鹏

我是陈鹏，是吉林师范大学2018届管理学院毕业生，财务管理专业。

一、把握机会

茫茫人海，有的人抓住机会纵身一跃实现梦想，有的人四处寻找却碌碌无为以失败而告终，这是为什么呢？获得机会的人总是事先做好准备，当机会来临时，他准能一鸣惊人，而没有准备的人看似辛勤地寻找，最终换来的也只是两行眼泪。所以说机会总是留给有准备的人，只有做好准备，才能抓住机会迈向成功。抓住机会，就相当于抓住了成功，机遇是成功的前提，等到机遇就成功了一半，但能否成功就在于你是否抓住了它。一个明智的人总是抓住机遇，把它变成美好的未来。2016年11月，我参加了"步职有我"第三季，作为第三季的一名选手，在参赛前我就了解了"步职有我"这个学生工作品牌项目。2014年这个品牌项目由吉林师范大学管理学院创立，而作为管理学院的一名学生这是我成长的一次机会。

二、充分准备

机会总是留给有准备的人。只要你认真准备了，你就会有成功的机会，如果你不付出努力，那就绝不会有成功的可能。"苦心人，天不负，卧薪尝胆，三千越甲可吞吴"。这是对越王勾践的由衷赞美。依稀记得作为战国国君的他，忍辱负重，为吴王夫差驾车喂马。他只身进入吴国，为仆为奴，为越国赢得复国的希望。回国以后，他卧薪尝胆发展生产，鼓励生育，十年修养，十年生息，积极做好充分的准备。终于，在勾践的带领下，越国大败吴国，成为春秋一霸。充分的准备使越国取得了战争的胜利，同时也使勾践流芳百世，为后人称赞。相反，如果没有做好准备，仓促上路，那么便会举步维艰，甚至会一败涂地。成功的道路上，没有止境，但永远存在险境；没有满足，但永远存在不足；在成功的路上最根本的就是要做好准备。这次活动邀请了许多校内外的专家导师对我们进行了分批次多角度的指导。这也让我看到了自身的不足之处，成长了许多。机会偏爱有心人，它只留给那些有准备的人，只垂青那些懂得追求它的人，只喜欢有理想的实干家。倘若饱食终日，无所用心，或遇到一处逆境就悲观失望，灰心丧气，那么，机会是不会自动来拜访的。

三、享受过程

通过努力实现自己的梦想，结局当然是美的，许多人都会沉浸在这美好当中，然而他们往往会忽视另一样更美丽的东西，那就是为实现梦想而努力的过程，其实这过程才是最美的。我们在追求一种客观的物质需求时，往往最关心的是结果，有了结果便满足了自己那颗具有强烈欲望的心，但却遗忘了享受追求目的的过程。我们都在长大，而那些坎坷和挫折都是成长的过程，我们可以从这些追求结果的过程中学会怎样长大。如果这次失败了，一定要去研究失败的原因，这样知道了根源在哪里，下一次我肯定不会在同一个地方跌倒，同一个错误怎么能让它犯两遍！从中，我们学会了成长，这好比在通往自己成功的道路上又垫了一块基石，能使这条路变得更通顺一点。火柴不会因熄灭而哭泣，因为它曾经燃烧过；雄鹰不会因折翼而沮丧，因为它曾经飞翔过；花朵不会因枯萎而伤感，因为它曾经绽放过。我们更不应该为了失败而气馁，因为生命价值往往在于过程，而不在于结果。所以，享受过程才能领悟生命的意义。

四、不忘初心

每一个人都有自己的初心，都有过在某一时刻心头一热的冲动，但是，在这花花世界中，有的人对于自己的理想矢志不移，无论前方是荆棘坎坷，还是艰难险阻，他都会不断努力、不断坚持，为了实现自己的初心，始终在人生的道路上奋斗着。我们每一个人的初心大多都不一样。有的人的初心，很容易实现。虽然比较容易实现，但也有着自己的灿烂。有的人的初心理想，则是需要披荆斩棘，需要经历种种磨难，需要度过层层坎坷，才会绽放，然而一旦绽放，就会光芒万丈。所以，我们的未来在一定程度上是由我们的初心决定的。我们未来是想过一个平平淡淡的生活，还是想有一个丰富多彩的人生，那就要看你是否能守住初心，然后经过自己的拼搏奋斗，最终实现自己的初心。但是有的初心，看上去就像是奢望，好像并不是现实，只是理想的期冀，每当我们在这条路上前行的时候，总是不断地留下了忧愁，不断执着，不断失落，却又不断努力向前走着。即使最终实现不了初心，但是自己努力过，拼搏过，那曾经的汗水即使浇灌不出参天大树，也会收获一棵挺拔的白杨。要树立坚定信念，坚持自己的初心，不断深造，不断学习，在人生的道路上不断砥砺前行。

不能流泪就微笑，不能痛苦就欢笑，不能徘徊就前进，不能失败就成功，岁月在指间溜走，光阴在蹉跎中消逝，珍惜一切，努力奋斗，希望的曙光就在眼前！

❖ 专家寄语

致王涵琢同学：

没有行与不行，只有做与不做。请记住这四点：①想干总有办法，不想干总有理由；②只有想不到事的人，没有人做不到的事；③不是井里没有水，而是挖得不够深；④不是成功来得慢，而是放弃得太快。坚持就是胜利！

——吉林省华生集团人力资源副总监 吴瑶

机会总是留给有准备的人

王涵琢

我是王涵琢，是吉林师范大学 2018 届旅游与地理科学学院毕业生，旅游专业。

经过几场的面试，感悟挺多，感觉自己真的很普通。只有更加努力，凡事都提前准备，在大学期间不断地去充实自己。可能有的人说："都上了大学了，还学什么习啊？该玩的就往死里玩。"对此，我只能说：呵呵，等毕业时你就会焦虑与迷茫了。大学只是你进入社会的一个平台和跳板，如果在大学期间没有做好准备，你起跳必定比别人费劲，跳得没别人高。在大学你要做些什么，要事先规划。

一、凡事预则立，不预则废

1. 就业意识

从大一开始我们就应该有就业意识，从就业求职来看是你能做什么，而不是你要做什么。在大学期间我们就是为了去做自己想要的工作而去锻炼培养自己的能力，从而有能力去做。有时间有条件的话，哪怕你只是大一的学生，也应该尝试找一份兼职工作，至少要写一份简历，去招聘会现场体会一下，只有亲历了那种场合，才能理解什么叫就业压力，才能真正不把大学当作学习的终点，而是人生的开始；才能有决心在大学期间，为工作做各方面的准备。

2. 确定职业目标

越早决定自己的职业目标，对大学生的就业准备越重要，很多学生到了大四，还在犹豫是考研还是就业。这种犹豫，无论对考研，还是就业都没有好处。如果你早早决定考研，那么你大学期间的重心是学习，系统地学习，拿到更好的成绩；如果你早早决定就业，那么大学期间的重心是实习，学习也围绕就业相关的知识，企业所看重的是综合素质。

3. 拓展学习（考证）

除学好本专业外，还要为就业而学习。离开学校，大学生们会发现，自己再没那么多的时间学习了，知识是不会辜负人的，在大学期间，要利用宝贵的学习时间与学习资源，好好学习。除了本专业外，还要为就业而学习，选修第二专业，技多不压身，多一个专业，也许就业的时候就有用了。另外，还要结合自己的专业与职业兴趣，考几个对就业有帮助的证书，在面试时主动亮出与岗位相关的职业资格证书，是非常有利的。

4. 人际交往

大学时期，是交朋友的最好时候，大家在一起没有那么多的利益冲突，最真诚、最单纯，这时候交朋友，很多会成为一生的知己，到就业的时候，多一个朋友多一条路，人脉是就业的最好帮手。大学是一个小社会，也讲人际关系，如果你和老师关系好，那你所能接触的要比普通学生多得多，你要是竞选学生会主席、部长、班长等，除了靠你自己的能力，你的人际关系和人脉圈也会发挥作用。

5. 兴趣培养发展

在学习之外，培养一个特长或爱好。我们在简历上都会有兴趣爱好这一栏，当你有打篮球、弹吉他、唱歌等爱好，面试者就会对你更感兴趣，因为你的才能可能会为他们的团队或是公司联会或是其他活动发挥用处，比如活跃气氛等。所以在大学期间多参加集体活动，尤其是体育活动、文艺活动，培养业余爱好，如果能有一个特长就更好了。爱好与特长，对就业有意想不到的帮助。更有甚者，能够把爱好发展为事业，这也是最成功的就业或创业模式。例如，酷爱健身的人去当健身教练，把自己的爱好转化为事业，把自己从爱好中的受益传授给别人，让大家都受益。

6. 实践

一定要在大学期间，参加社会实践与实习，这在大学生中已经成了共识，大学生的简历中，没有实践经验的已经很少了。这是非常明智的，因为，在找工作的时候，没有工作经验是大学生最大的硬伤，但工作经验并不是完全不可以得到的，社会实践与实习是很好的提前获得工作经验的机会，一定要重视。

二、坚持是选择的必经之路

学习的过程是寂寞的、枯燥的，但要成功就必须走下去。当然我们所选择的不一定是正确的，但要想知道结果，了解自己的选择就必须到最后一刻，结果对了，我们无悔，错了，我们便有失望，有懊恼，在这之后要及时换个方向，并对此前的选择做总结。无论我们是考研、就业、考公务员还是其他，我们必定要坚持自己的选择。

三、寄语

凡事预则立，不预则废，机会总是给有准备的人，有规划的人生是精彩的人生！发挥自身价值，就要做到"人无我有，人有我优，人优我特"的境界。

❖ **专家寄语**

致韩宗原同学：

每一次的努力都会使你变得更加优秀，尤其是你即将进入社会，相信你有了努力这张王牌，会更加出色。每一次的披荆斩棘，会塑造一个更完美的你，要永远脚踏实地，认认真真做事，踏踏实实做人。或许未来的事情不可予之，或许未来的发展不是远方，未来就在你的手中！

——吉林飞鹰职业技能教育集团总经理　陈艾莲

认识自己，成就自己

韩宗原

我是韩宗原，是吉林师范大学 2018 届文学院毕业生，汉语国际教育专业。

一、明确自身现状

一个好的开端源于对自己有充分的了解，明确自己有哪些不足，同时也要了解自己的价值点。要知道，一个人的价值，除了本身的存在价值外，还包括在行业中、人生中和社会中创造的相关价值。给自己定位要做到高点定位与低点起步相结合，不让浮躁的心态毁了对定位的把握，用做人做事的方式定位正面的社会形象。只有充分了解了自己，才能努力去成就一个优秀的自己。

二、勇于做自己的伯乐

在传统观念里，我们总是听说：只要是金子，在哪里都会发光的。但是，在这个人才辈出，光怪陆离的 21 世纪，我们不能等着别人去主动发现我们，而是要主动出击，向用人单位去证明、去展现我们的能力与才华。我觉得"步职有我"这个平台就给了我们这样一个机会，让我们可以直接接触高管，减少上司与面试者之间的代沟，让我们可以面对面地和高管沟通，更直接地明白这些领导者真正需要的员工是什么样的，然后继续确立我们下一步的努力目标。

三、不忘初心，方得始终

作家龙应台曾对自己的儿子说过，我要求你读书时用功，不是因为我要你跟别人比成绩，而是因为，我希望你将来会拥有选择的权利，选择有意义、有时间的工作，而不是被迫谋生。当你的工作在你心中有意义，你就有成就感。来到"步职有我"这个平台，我希望可以找到我觉得有意义的工作，而且，也确实没有让我失望，从最初的寒窗苦读，到在大学的一次次努力付出，我始终没有忘记自己的初衷——找到自己认为有价值的工作。习近平总书记说过：不忘初心，方得始终。希望我可以带着这份信念，从事我向往的工作。

四、活到老，学到老

"活到老，学到老"的意思很简单，但古往今来又有多少人可以做到？在这个飞速发展的时代，无数的人被企业所淘汰，因为他们所掌握的知识没有办法让企业继续强盛下去，所以我们必须要树立终身学习的目标，始终给自己充电，跟得上时代潮流，了解最新的市场信息，才能让自己所在的企业强盛下去，当自己也学到了很多东西，而这些东西是会反映到我们的气质上的，读书越多的人，气质也会不一般。活到老，学到老。不仅是一句口号，还是我们终身为之奋斗的目标，每一次的拼搏努力，都只是为了遇见一个更好的自己。

五、有梦想的人是最幸福的人

当我们还是一个小孩子的时候，老师就问我们，长大之后想要成为什么样的人。那一声稚嫩的童音，是我们最初最美好的向往，时光荏苒，我们退去了当初的青涩，但那颗年少时埋下的种子却不时在我们心头激荡。追随少年的脚步，一路奔向远方，有过彷徨、迷惘，但终究还是坚定地迈出脚步，可以失败，但不能退缩，来到这里，无论结果如何，我都会接受，因为，我为我的梦想努力过。一个人可以被毁灭，但不能被打败。

六、提高与人沟通的能力

在当今社会，与人沟通无疑是一项非常重要的技能，在人与人之间的交流中，口头交流还是占大部分的，好的语言可以让一个人茅塞顿开，让一个人的心情由坏变好，而坏的语言却为这个世界增添了很多暗色。很多时候，我们的出发点是好的，但由于我们缺少与人沟通的能力，导致我们的意思没有表达出来，甚至会让人产生误解，本来是一片好心，却由于嘴笨，惹来骂名，可见，我们的语言表达能力是多么重要。就职业而言，现代社会从事各行各业的人都需要口才。对政治家和外交家来说口齿伶俐、能言善辩是基本的素质；商业工作者推销商品，招揽顾客，企业家经营管理企业，这都需要口才。我们的语言交流和人际沟通能力在这个竞争日益激烈的 21 世纪显得格外重要，我们生活在一个有声的世界里，语言能力是每个人一生中极为重要的生存能力，我们在平时的生活中就可以有意识地练习这种能力，这对我们未来的工作甚至生活都大有裨益。

❖ 专家寄语

致匙翠珊同学：

马上就要步入社会了，希望你既要有凌云之志，又要有脚踏实地的精神，企业需要有梦想的实干家。希望你以此为新起点，征服人生道路上一座座高峰，活出精彩的自己！给你的一个建议——高薪岗位不一定是你的最佳抉择，选择能充分发挥你个人优势的职位，才是明智之举！

——吉林省韩州国际酒业有限公司董事局主席　李凤伟

千里之行，始于步职

匙翠珊

我是匙翠珊，毕业于吉林师范大学文学院汉语国际教育专业。在校期间，积极参与学校和学院的各项活动，充分利用课余时间，进行社会实践，勤工俭学，积累了很多社会生活经验。大学毕业后，在长春新突破教育培训学校工作，积累教学经验，目前，在扶余第二实验高中任职。

大学期间最不缺的就是丰富课余生活的一些课外活动，在这四年中，我参加过许多活动，虽都给我留下了深刻印象，但最令我印象深刻、受益匪浅的要数"步职有我"。当时听说这个是管理学院的活动，作为文科生的我抱着重在参与的心理去参加了活动，可不想在毕业找工作时受益良多，以下是我的一些个人感想。

长时间处于象牙塔里的我们，在刚刚进入工作岗位的时候，虽然对社会中即将面临的挑战有一定的心理准备，但也往往对其复杂性估计不足。这往往会使我们对个人定位过高和对事情的处理过于理想化，从而会在工作面试中不断碰壁。所以，准确定位自己，遇事谨言慎行，对我们更好地步入社会是有很大帮助的。

参加"步职有我"，使我在还未走出校园时便通过这个活动，感受到了真实的求职氛围，对职场的需求有了一定的了解，并积累了一些面试技巧。

"步职有我"这个活动分为初露锋芒、展示自我、职场测评、你来我往、意向签约五个环节。初露锋芒通过一段简短的 VCR 使高管团成员对我们应聘者有一个初步的认识；展示自我也就是我们通常面试中必不可少的自我介绍部分；职场测评，高管团成员在对我们应聘者有了初步了解后，应聘者随机抽取一套专业性职场实战题，现场进行作答，作答完毕，由高管团成员对应聘者现场的表现进行点评；紧接着职场测评的是你来我往环节，高管团成员对应聘者的表现提出与之应聘岗位相关的问题，同时应聘者也可以对高管团成员所在企业岗位提出自己关心的问题；最后根据以上四轮应聘者的表现，以及各位高管团成员与选手的交流，我们请各位高管团成员做最后抉择，进入"意向签约"。

通过"步职有我"，我深刻体会到，找工作是需要坚持和自信的，工作，不是想当然就能找到的，首先要有充分的准备，对自己的专业知识要有深刻的认识，以便在面试时能够对答自如，其次是要有临场应变能力，能够在面试场合从容回答面试老师所问的一些问题。找工作时要清楚，仔细观看招聘公司的招聘信息和招聘要求，不要盲目，要有目的，有选择。在招聘会上，如果有比较理想或喜欢的公司，不管前面有多少应聘者，也要有自信去尝试。

摆正就业心态，不要心存侥幸，不要心存胆怯，更不要回避就业压力，正因为有压力，在求职过程中，我们难免会遇到挫折，产生落差感，以一种正常的心态来面对，就显得尤为重要。其实我们每个人都希望找到一个待遇好，压力小，空余时间多的工作，但我们很少有那样的机会，因此在就业问题上，我们会有些落差感，这也是不可避免的。因此我们往往要退而求其次，即先就业再择业。

找一个适合自己的，自己也适合的企业，这个企业可能不是最好的，但是却可以提供很多发展和成才的机会，让我们更好地得到锻炼和提高，更好地适应未来社会的要求。求职准备阶段应确定自身定位，结合自身优势和劣势，找准工作的种类，找出行业以及业内有竞争力的企业。三百六十行，行行出状元。大学毕业时可供我们选择的行业、职业和企业是很多的，我们到底适合哪一行？我们应该有一个清醒的认识，做到有的放矢，绝不能像无头苍蝇，没有目标。找工作的过程中，我重新对自己进行了了解，发现还有很多缺点和需要改进的地方，从而不断完善自己。

总之，要有自信，因为招聘单位需要敢于创新和有思想的人才，你要相信自己，发现你的不足之处，从而使自己在不断的学习和锻炼中得到进步，成为真正的人才。

现在自己也已经步入职场，有些事情切身体会才更加深刻。职场对每个人来说真的像是一场马拉松比赛，或许这个机会只有一次，但在这场漫长的马拉松比赛中很多人是坚持不到终点的。刚刚步入社会的我们，可能有很多不足，有很多欠缺的地方，这个时候，我们需要努力一点，认真一点，去不断地完善自己，充实自己。如此，我们才能更加从容地应对可能遇到的挑战。要清楚，真正帮助我们赢得比赛的就是自己，我们战胜了自己，就取得了这场比赛的胜利。没有人的成功能够一蹴而就，成功的标准不一样，付出代价也就不一样，人生轨迹更不一样，关键是要清楚自己要走什么样的路。

荷马史诗《奥德赛》中有一句至理名言："没有比漫无目的的徘徊更令人无法忍受的了。"初入社会的迷茫和困惑每个人都会有经历，逃避和苦恼也在所难免。但这并不是我们退缩和甘于平庸的借口。步入社会，我们需要自己学会承担，很多事需要自己去把握，越早找到自己工作努力的方向，我们便能越早走出困惑，摆脱迷茫和恐惧，突破自我并在这个过程中不断地沉淀自己。找到一份适合自己的工作和努力的方向，是我们走出大学校园踏入社会的起点。千里之行，始于足下，从这里出发，我们就有希望到达终点。

❖ 专家寄语

致杨璐同学：

展望未来，你要扬帆起航。天高任鸟飞，海阔凭鱼跃。你生逢盛世，外面的世界是你们大显身手的舞台，也是检验你品质和才能的战场。希望你志存高远，奋发有为，努力在社会的各行各业、各个领域做出卓越的成就，开创自己辉煌的未来。

——（21 世纪不动产）北京坤德元亨房地产经纪有限公司总经理 商大伟

精彩人生，从步职开始

杨璐

我是杨璐，是吉林师范大学 2018 届管理学院毕业生，市场营销专业。

一、步职有我，打开求职大门

2016 年 9 月，刚进入大三的我，报名参加了"步职有我"活动，从那一天起，自己开始全面进入"准备求职"状态。从开始做简历，到找学院老师修改简历，到准备自我介绍，再到设计自我展示的短视频，那段日子是我飞速成长的日子，每一天都动力十足，充满干劲儿，为从校园跨入职场大门做准备。

2016 年 11 月，由于准备"互联网＋"创业竞赛等活动，精力有限，不得不放弃"步职有我"活动，略有遗憾，但"步职有我"却打开了我求职的大门，为我后来的顺利求职奠定了基础。

2017 年 3 月下旬，成功竞聘雅培北京分公司医药销售岗。

2017 年 4 月下旬，顺利通过京东校园招聘的一轮笔试＋三轮面试，拿到暑期品类运营岗实习 offer。

2017 年 9 月下旬，通过暑期 2 个月的实习，收到京东采销经理岗的正式 offer，并于 2018 年初签署三方协议。

以上较为顺利的经历，感谢"步职有我"的积淀，感谢恩师们的指点与培养。

二、准备步职，从现在开始

求职不是大四的事，更不是毕业的事，而是贯穿大学生涯极为重要的事，无论是立志考研的同学，还是一心向往职场的同学，最终极的归宿都是工作，因此，应尽早设立职业生涯规划，设立目标，并将看不见的目标拆解为看得见的、可付诸行动的、细小的任务，并为之努力。比如，目标是未来成为一名优秀的企业讲师，将目标拆解为可看得见的努力：锻炼演讲能力；再将目标拆解为可付诸行动的任务：每周至少锻炼 2 小时的口才表达；继续将目标拆解为细小的任务：每周三和周五的晚上寻找空教室进行演讲，锻炼自己的口才表达能力，并抓住班级及学校每一次当众讲话演讲的机会。按照上述方法，进行循环练习，逐步提升自我，从而接近目标。综上，准备步职，就应该从现在开始。

三、机会，永远垂青有准备的人

"机会，永远垂青有准备的人"这句话，并不是一句简单的心灵鸡汤，而是有一定的道理。试想，当有世界 500 强名企招聘时，A 学生成绩平凡，毫无亮点，而 B 学生学习成绩专业 TOP5，具有一定的学生干部经验，并且在科研项目、创业竞赛等方面颇有造诣。可想而知，B 学生成功竞聘的概率远远高于 A 学生，原因在于，B 学生的所有亮点均是其成功竞聘的机会。对于求职，越是准备，便越有机会，越有机会，成功竞聘的概率就越大。

四、准备，便是武装自己

准备，便是武装自己。武装自己，便是提升自己的软实力及硬实力。硬实力有：专业知识、专业技能。软实力有：知识面、组织管理能力、演讲能力、社交能力等。进入大学的那一刻起，就应该从硬实力和软实力着手去武装自己。比如，努力学习专业知识，参加社团活动锻炼自己，多进行演讲提升自己，扮演不同角色进行创业项目研究，当一次志愿者感受服务意识之美等，以上均是武装自己的宝贵财富。对我而言，以上竞赛和活动方面做得较好，但薄弱的是知识面，大学在校的三年，没有充分利用图书馆这个知识的圣堂，没有开拓自己的知识视野，以至于没有做到全面武装自己。

五、职场，勇敢迈出第一步

对于职场，不要胆怯，也不要犹豫，勇敢地迈出第一步，就会有收获。2017年3月下旬，我成功竞聘雅培北京分公司医药销售岗，但由于对互联网公司及世界500强的憧憬，我又先后参加了腾讯、京东等企业的网申，网申通过后又参加了行测笔试。2017年4月初的某天晚上9点多，我收到京东北京一面的短信通知，激动兴奋下，带着年轻勇敢的冲劲儿在第一时间买了隔天去北京的火车票，就这样勇敢地开始了北京求职路，并顺利地通过了京东一面（业务部门员工面）、二面（二级部门总监面）和终面（HR面），在大三下学期开学2个月之际，拿到了心仪的offer，一切全凭勇气、运气、机会和大学两年半的准备。

愿你大学努力地全面武装自己，愿你在提升硬实力的同时也能提升软实力，愿你offer拿到手软，愿你凭借实力成功步职，并能平静地说一句"我运气很好"。

❖ 专家寄语

致于广莹同学：

天行健，君子以自强不息；地势坤，君子以厚德载物。你是我心目中的英才，未来必有大好前程。希望你为社会谋福祉。将来不管是位居庙堂，还是身处江湖；不管是腰缠万贯，还是囊中羞涩，希望你不要沾沾自喜、孤芳自赏，也没有理由垂头丧气、自暴自弃。

——吉林省华生集团人力资源副总监　吴瑶

感恩步职，奋斗不息

于广莹

我是于广莹，是吉林师范大学 2017 届管理学院毕业生，公共事业管理专业。

人生有很多次相遇，或懵懂，或迷茫，或精彩，或如同过客般短暂，却留在心底久久不能忘怀。行走在充满惊喜的人生旅途，你我都曾有过此般境遇，似一首优美的乐曲，字字音符，流动于心。目前就任通化市辉越中药材的执行经理一职，我想通过此文聊聊那几年与"步职有我"的特殊情缘，聊聊自己的成长和不足。

一、初识"步职"的日子

我与"步职有我"结缘于 2016 年的秋天，太多美好，不期而遇。记得那时正是大四的上半学期，我和其他的大四毕业生一样，行路匆匆，内心充满了迷茫和未知，我不清楚自己未来会从事什么性质的工作，会在哪座城市，会接触哪些人，是选择考研、考公务员还是就业，带着种种疑问，又结合自己的目标，我选择踏上国考的道路，我内心很清楚这也许并不是自己最喜欢的，未来也并不一定会一辈子坚守。决定参加国考后，我开始努力准备，买了网课还有大量的复习资料，每天和考研同学一起早出晚归的复习，那段时光如此美好，听着图书馆的闭馆音乐，每一天我都告诉自己，今天你做得很好！然而，在准备国考复习的一个晚上，我同往常一样，和同学们背着书包回到寝室准备休息，管理学院的学妹给我打了一个电话，邀请我参加学院的品牌活动——"步职有我"，说实话，我的第一反应是拒绝，因为我知道距离考试的时间已经越来越近了，我不可以再有一丝的分心，因为大学四年自己真正投入学习的时间寥寥无几，复习的时间又比其他人晚很多，既然考了，我很怕自己会失败，这个时间再去准备参加一个活动，我没有信心。当我的心静下来的时候就不能够再做其他的事情了，了解我的朋友和老师们也都太过清楚我不愿意参加的原因，因为这是社联举办的活动，而我因为大学四年在校社联工作的时间太长，离任的时间花的比其他的学生干部都长，离开活动主场的心情太过复杂。所以，参加"步职有我"这个活动，对我来说更多的是一种缘分和归属。

二、"步职"准备

在"步职有我"的准备过程中，需要制作一个短视频、展示个人才艺还有回答一些问答题等，当时的我一心想要准备复习，又需要抽时间准备活动，再加上当时的心态很不好，所以，我在准备的过程中付出得很少。但是，我很感动，也很感谢管理学院愿意把这个难得的机会交给我，让我提前感受职场的氛围，让我知道企业的现场招聘环节，培养我的就业能力；感谢"步职有我"的活动负责人，不厌其烦地做好每一个活动细节，时常以微信、电话的形式提醒我该做哪个部分，尽一切可能帮我将前期准备工作做好；感谢视频制作师，以我的时间为标准，充分满足我想要达到的标准；感谢当时和我一同留在学校的公管专业的同学们，每一次对我的鼓励和帮助，让我走上"步职有我"的舞台上的那一刹那，满心愉悦。

三、"步职"感受

"步职有我"是我人生中的额外惊喜，带给我一份感动，也给予我一分成长，让我看到了自己身上有太多的不足之处，也让我一直骄傲的心开始走向平淡。在"步职有我"的活动现场，当我的个人介绍短片播放结束之后，我在主持人话音刚落的时候走到舞台中央，面对着六位企业老板，内心有一丝丝紧张，当时的自己没有太多的压力，也没想过要取得什么名次，只知道自己说完就可以安心复习了，怀揣着这种思想，又结合当时的实际情况，自己本身准备不充分，台下太多的社联人，很多与我曾经并肩作战、亲手带过的弟弟妹妹们，导致我急于在他们面前表现，每个问题都回答得过于冗杂，我感觉自己的表现差极了。终于，活动结束了，一切又都恢复往日，我和同学们每天去图书馆复习，但是现在想想，我丢失的不是准备活动的时间，是冥冥中的一次机会，让我知道了自己有太多不足，要永远做一个谦卑的人，"三人行，必有我师"。我要脚踏实地地走好每一步，年轻没有什么事输不起，最重要的是要拥有一颗想赢的心，更有能赢的实力。活动以后，我成功地加入了准备开业的通化市华生商贸有限责任公司，从人事助理开始做起。正是"步职有我"这个活动，让我拥有了人生中的第一份工作，直到今天我依然感恩这个机会，在华生担任人事助理的那段日子，虽然很苦、很累，由于没有开业的原因，我们作为前期招聘到的助理以上的核心人员，需要每天和领导们一起探讨商场的装修以及产品的入驻，作为人事助理，我每天最主要的工作就是招聘，因为企业 100 多人的编制都需要在开业前完成，再结合总公司的统一要求，所以几个难招的岗位让我深刻意识到自己的欠缺，与此同时，也打磨了我的韧劲，在华生我经历了开业、年会、OA 系统培训、EHR 考勤系统上线等工作……离开华生后，我深深感谢那段经历，我更感恩"步职有我"这个平台，给了我人生中第一个工作机会，让我接触到了系统化的培训，正规公司的企业经营模式，我学习到了很多。由于年轻，我喜欢折腾，我希望自己能够在可以选择的年龄，选择一份自己最热爱的工作，所以我从华生电器离职，到辽阳当了半年的语文老师，后来我加入了通化市辉越中药材，这个产供销一体化的大学生创业扶贫项目，与此同时，我在今年 12 月底参加了全国硕士研究生考试，我相信人无完人，人生如此奇妙，重要的是经历，人生的路每一步都算数！

感恩"步职有我"，感谢管理学院，大学四年，管理给了我太多美好的回忆，也在每一次我迷茫的时候给我的人生带来一丝光亮，祝福管理学院越来越好！

❖ **专家寄语**

致刘鑫宇同学：

五彩缤纷的世界充满着美，多姿多彩的事物中闪现着美，时间和空间里跳跃着美，等待着美丽的你去捕捉，去寻觅。愿你在步入社会后能像一颗种子，勇敢地冲破泥沙，将嫩绿的幼芽伸出地面，指向天空。

矢志向学，超越自我

刘鑫宇

我是刘鑫宇，是吉林师范大学 2018 届管理学院毕业生，公共事业管理专业。
很荣幸担任本次"步职有我"的主持人，有人说，必须锻炼自己，而不要什么也没看见，就以为你已经是一个思想家了。作为"步职有我"的主持人，必须善于恰如其分地估计自己的力量，活动中，我以机智幽默的方式，为应聘者提供职业心理剖析、入职建议和职场忠告，帮助大学生树立健康积极的求职观，并且我也在锻炼自己，提升自己的主持能力。我认为"步职有我"这个平台不仅给了学生宝贵的求职经验，也让大家有了和优质企业高管面对面深层次交流学习的机会。以下是我参与本次活动的体会和感悟。

一、全力以赴，不忘初心

丰子恺说："不乱于心，不困于情，不畏将来，不念过往，如此，安好。"
我这个人有个特点，就是不喜欢虎头蛇尾，做事从来都是有始有终，就算再难的事也要全力以赴，追求最好的结果。就像初入大学时刚刚接触金话筒主持人比赛一样，我最开始抱着试一试的心态，但是对每一轮环节的比赛我都会尽全力去准备它。正因为如此，我把自己的意志视为主要因素。曾经听说过这样一句话：当你对自己当下生活状态感到毫无意义的时候，想一想最近自己有没有运动或者读书。我在大学曾听过很多人抱怨觉得自己的大学生活充斥着无聊没有意义，像是"大学无用论""考研无用论"，我也一度怀疑，那时的我在内心默问自己是否还记得来大学时那颗初心。后来我终于明白一个人最大的敌人不是别人，而是自己。年轻人喜欢什么，就要去追寻。这么多年来，我一直都是在跟自己作战，准确地说，是和自己的意志战斗。现在回想起来，我确实比以前坚毅了许多，但我是不会松懈下来的。

二、追逐爱好，绽放自我

罗伯特说："很难说什么是办不到的事情，因为昨天的梦想，可以是今天的希望，并且还可以成为明天的现实。"

我认为大学就是一个能够充分展现自我爱好和发展自己兴趣的地方，没有了高中时期那么大的负担与压力，我相信很多人对大学丰富多彩的活动心中都有着憧憬和向往。当我第一次拿着话筒参加校园歌手大赛，当看到一个个志同道合喜爱音乐的人，哪怕下面只有几个观众和评委，他们都倾尽自己的情感去演唱，从选歌到每一个唱词微妙的情感变化，那一刻，他们都是自己内心的主人，光环只为他一人闪烁，将自己展现得淋漓尽致。我那时真正感觉到，爱好和兴趣给人带来由衷的快乐与感动。我更加相信了许巍的那句：生活不只有眼前的苟且，还有诗与远方。音乐就是我在大学陶冶情操的摇篮，也使我深深感觉到，无论生活多么艰难，内心总要留一寸净土，来释放自己的压力与情绪。

三、面对现实，超越自我

屠格涅夫说："惯于实际生活的人能坚持到底，坚持到最后结局，自我反省和空谈理论的人却不想越过他们自己所指定的边界，而永远停在那里，他们在崇高的意向，绝对的真诚和才干的条件下，阻碍事件前进，因为山巅险峻会撞伤他们。"

通过校外的活动实践，我告诫自己的同时也想告诫大家，纸上得来终觉浅，绝知此事要躬行。现实毕竟不同于理想，必然有不足和缺点，勇敢地面对现实，承认现实，不回避自己存在的不足与缺点，真正做到实事求是地对待自我，就是一种自我超越。实事求是既不抹杀、掩盖自己的优点和成绩，也不夸张、扩大、炫耀自己的长处和进步。夸张、扩大、炫耀自己的长处，易造成过分的自信和自尊。过分自信会导致自负、自傲；过分自尊会导致虚伪、做作、装腔作势。同时，人必须拥有适当的自尊心和自信心。适当的自尊心是激励个人力争上游、勇攀高峰、追求崇高目标的巨大动力；适当的自信心是个人健康成长不可缺少的一种心理品质。一个人如果看不到自己的实际力量，就可能忘记妄自菲薄，或者是妄自尊大。因此，大学生要超越自我，首先必须在保证维持适当自尊心和自信心的前提下实事求是地认清自我承认现实，实事求是地对待自我，命运掌握在自己手中，勤奋铸就成功，我相信自己会有一个美好的未来。

在青年时代，为了自己光辉的未来，就要敢于在泥泞、汗水中摔打，养成不屈的精神，不弯的脊骨。只要有这种精神，随着年龄的增长，再加上社会风浪的考验，就一定会在不知不觉中收获成果。

❖ 专家寄语

致麻雅琪同学：

你用才智和学识取得了今天的收获，你也有涌泉一样的智慧和一双辛勤的手，希望你能以明智和果敢接受明天的挑战，无论身在何处。愿你永葆一往无前的精神。

吉林省韩州国际酒业有限公司执行总裁　徐静波

简单真实，自由富足

麻雅琪

我是麻雅淇，是吉林师范大学 2018 届管理学院毕业生，公共事业管理专业。我是吉林师范大学第 15 届"金话筒杯"校园主持人大赛中的 20 强选手，先后主持过"吉林师范大学管理学院 2014 级迎新晚会"、管理学院第一届"管理演说家"演讲比赛、2012 级校园精英"拼搏无悔，风雨考研"考研经验交流会、吉林师范大学第二届"互联网＋"大学生创新创业大赛，以及"步职有我"校园竞聘活动。

我刚入学就参加了校学生会的竞选，层层选拔后就职于吉林师范大学校学生会调研部，先后参与策划并组织开展了"权益论坛""吉师青年说""华润·雪花杯吉林师范大学校园文化艺术节歌手大赛""古诗词演绎大赛""吉师欢迎你 2015 迎新晚会""火焰杯 2015 级新生才艺会演""纪念五四运动 96 周年暨校园舞蹈大赛"等校级大型活动。

在校期间，我曾在 2015 年吉林省青少年社团文化巡展活动中积极贡献，被评为优秀志愿者，在 2016 年吉林省"农村学校教育硕士师资培养计划"供需见面会中被评为优秀志愿者，在担任教务处学生信息员工作期间表现突出，被评为优秀信息员。

我的校外生活也很丰富，我曾利用 2016 年暑假到吉林市邮政分公司的人力资源部和吉林市船营区邮政支局邮政储蓄银行实习，领导对我的表现都十分满意。除此之外，我也是学校英语社团的一位骨干，我坚持每天早 6 点带领来自各学院的同学进行英语晨读，周末时间组织英语爱好者到哈尔滨、长春、吉林等城市参加英语沙龙等课程和活动。正是因为对英语的这份热爱，2017 年初我考取了布莱恩教育英语封闭强化集训营的口语教学助教，在团队中带领近千名大学生朋友连续 7 天 100 多个小时操练英文，帮助组内 10 名学员高效学习标准美式发音，疏导方法方向，时刻践行着"提高自己帮助他人"的使命。

我是一个有梦想同时也有行动力的人，2017 年末我参加硕士研究生考试，虽然目前是在等待结果，但我把过程充盈得足够精彩，相信结果也会是画龙点睛。总之，我一直走在自己的轨迹里，做着自己喜欢的事，实现着自己心中的梦想。

一、简单点儿！我是麻雅淇

首先非常感谢苏老师能给我这样的机会。我并不是什么成功人士，更没有什么惊人的成就，不过是一个初出茅庐的小白，这里就想跟大家分享一下我的一点小心得。

二、真实点儿！做一个 real 的人

其实我就是一个很 real 的人，而且在成长的道路上是越来越真实。就比如我在大学这几年一直都积极参加各种活动，原因只有一个，那就是"我喜欢啊"，喜欢就去尝试。"行不行"这个问题不是靠"想"就能得出答案的，行动起来自然就知道啦，当然这个前提，也是关键，就是要遵从自己的内心。很多人看了我主持的活动都以为我专门学过播音，说实话，我只是喜欢自己的声音而已，喜欢舞台上的那个角色，不过也有可能跟我是初中语文老师的"御用朗读机"有关吧。好像有点儿跑题了，没关系，既然是分享，那就沿袭我一贯的风格，跟着感觉走吧！没错，就是这种很 real 的感觉。如今社会发展迅猛，物欲横流，人心浮躁，有多少人都是带着面具生活的，他们总是在乎别人的眼光，说着违心的话，做着不情愿的事，在别人的地图里过着自己迷茫的生活。总有一些刚走进大学校园的学弟学妹们会问"参加学生会有用吗？""入党有用吗？""考研有用吗？"大家好像习惯了在选择一件事情做与不做之前，总要考虑"有没有用"这个其实并没有什么营养的问题，我还是觉得，人就应该要随时随地遵从自己的内心，从自己的角度出发，认为值得就做，感觉不值得那就放手，喜欢就去争取，讨厌就远离，开心就大笑，伤心就流泪，要爱自己，要真性情。

三、绽放点儿！做一个自由的人

自由不是你想做什么就能做什么，而是你不想做什么就可以不做什么，我们每一个人都是独立的个体，有独立的思想和人格。我看到"步职有我"的现场，那些优秀的选手们，他们在回答考官问题的时候都有自己独到的见解，有很多都使我眼前一亮，虽然是个小型的竞聘场，但是能成为主持人，亲临现场去感受那种紧张的气氛，还是获益匪浅的。首先可以看出能站到台上的每一个人，他们的精神是自由的，至少在那一刻，他们畅所欲言，做自己的主人，释放着自由的灵魂，想想都觉得震撼。生而为人不就应该这样，首先就是精神自由，有主见，敢表达，每一刻都明确自己想要什么，而不是被他人左右。人生就是一场内修外炼的旅程，带着自由的信念，坚守住内心，坚守住了一切。然后就是身体的自由，敢爱敢恨，敢作敢为，这样才能在经济独立的同时，走到自己向往的地方，过自己向往的生活。

四、虚心点儿！做一个富足的人

如果一个人的思想不够丰盈，那么他的精神世界也将是一片贫瘠之地。我是一个崇尚"三人行必有我师"的人，我真的觉得人活着的时间有限，如果不能抓紧一切时间和机会去充实自己，那简直就是浪费。就像我坐在台下，包括在后台彩排的时候，近距离接触选手，真的觉得这不仅是一个展现我主持才能的机会，更是一个让我开眼界长见识的契机。每一位选手都有自己的闪光点，有人的实习经历让我震惊，有人的学术功底让我反思，有人的随机应变能力让我羡慕。水涨船高，可能就是说与优秀的人共伍，想不优秀都难吧。所以不管什么时候，都要善于学习，乐于读书，勤于思考，用知识武装自己的头脑，这样准没错。我一直都是这样，热爱生活，积极乐观，宽容大气，用正能量填充自己的生活。每天都在丰富自己，享受生活，无比幸福！我可以，你们也可以。

❖ **专家寄语**

致王秋锦：

我深深理解耗费多少时间，战胜多少困难，你才取得眼前的成绩，请你相信，在你追求、拼搏和苦干的过程中，我们都会在走过的路边为你加油，你遇到困难锲而不舍的态度，我相信有一天，你会登上顶峰，欣赏无限风光。

用努力追求幸福

王秋锦

我是王秋锦，吉林师范大学2018届管理学院毕业生，市场营销专业。我于2014年10月担任班级团支书、2016年4月担任管理学院社联主席一职，策划了学院学生工作品牌活动"步职有我"（第三季）、各类社团活动、社联晚会等。在学院老师和同学们的共同努力下，于2016年11月16日成功在校图书馆报告厅举办"步职有我"（第三季），并获得了校内外的强烈反响，同时被四平电视台、《吉林日报》所报道。前期准备"步职有我"作为校级学生工作品牌建设活动，需提前三个月进行策划，活动元素包括：刺激的冲突、针锋相对的交流、真实的职场秀、个性化的嘉宾阵容、职业化的场地设计，我力求将活动打造成"架构清晰、定位准确、兼顾娱乐性、参与性和实践性，师生喜爱、企业欢迎、多方受益"的品牌活动。

2016年9月初，我将初步方案递交给苏玉刚老师进行审批，与此同时将活动信息告知各学院社联主席，希望通过他们，将各学院有意愿参加活动的种子选手聚集一起，进行初期选拔。

2016年9月中旬，初期方案形成后，我和社联副主席李成颢开始着手设计招募选手的海报，因"勇往职前"（第一季）和"步职有我"（第二季）打下的良好基础，第三季需在其原有的标志性元素上增添创新型元素，我们将延续"步职有我"官方LOGO，只需在LOGO上方增加两个小人，分别放置一左一右，寓意"求职需一步一脚印，稳步前行，终会步步高升"。

一、中期实施

2016 年 9 月末，招募海报设计完毕，开始进行全校宣传，社联各部长、部员分别负责将海报张贴在各学院的宣传栏中，方便让全校学生了解活动，并积极报名。

2016 年 10 月初至 10 月中旬，选手招募完毕，由文学院匙翠珊、韩宗原，旅游与地理科学学院王涵琢，管理学院王钰道、陈鹏、于广莹 6 名同学共同组成选手阵容，随后，由管理学院赵永光老师对选手们进行培训。

2016 年 10 月中旬至 11 月初，由院分团委科技部部员刘宜轩负责六名选手的 PPT 制作。苏玉刚老师邀请传媒学院 4 名同学来为选手们拍摄 VCR，并负责后期剪辑、配音。

二、后期完善

一切准备工作就绪，2016 年 11 月初开始邀请不同行业的高管，使其成为高管团成员参与现场考核点评，并与所欣赏的选手进行签约，签约有效期保留至本科毕业。"步职有我"第三季有幸邀请到吉林省华生集团郝长友先生作为嘉宾主持人、21 世纪不动产北京坤德元亨房地产有限公司总经理商大伟先生、吉林飞鹰职业技能教育集团总经理陈艾莲女士、吉林省华生集团人力资源副总监吴瑶女士、四平天成玉米有限公司人力资源总监刘月友先生、吉林省韩州国际酒业有限公司董事局主席李凤伟先生。同时，吉林师范大学校工作就业处处长郑晓明、校工作就业处副处长肖建国、管理学院党总书记白君伟、院长徐彦伟、关工委主任马世瑞以及学院其他老师和 300 余名学生也来到现场观摩。

后期还涉及设计宣传条幅，拉赞助，嘉宾主持人和学生主持人的沟通串词，门票、邀请函制作，观众座位席的分布布置，证书的制作，学生礼仪的确定，评分的细则及评分人员的确定，LED 板上活动名称等细节。

2016 年 11 月 16 日，下午 2 点活动正式开始，这一季比赛流程共分为以下五个部分：初露锋芒——播放选手 VCR，并进行自我介绍；艺高一筹——选手进行才艺展示；职场实战——选手现场随机抽取一套专业性职场实战题（或专业方向），现场进行作答，作答完毕，由现场就业导师对选手的表现进行点评；你来我往——就业导师对选手的表现提出与之应聘岗位相关的问题，选手也可以对导师所在企业岗位提出自己关心的问题；意向签约——经过四轮表现，导师进行最后抉择，导师如果为心仪选手留灯，则签约成功，如有两名导师留灯，则由选手进行反选。

"步职有我"（第三季）是我第一次策划并成功举办的校级活动，在这三个月的时间里，感谢学院苏玉刚老师对我的耐心指导和社联全体成员的共同努力，而在这整个过程中，我学会了如何与领导沟通、怎样动员学弟学妹为整个活动付出更多的热情。另外，我也意识到自己的不足，有些东西以前没经历过，难免会出差错，这也使我要更加努力提高自己的综合素质，培养自己的能力。

"步职有我"不仅是管理学院的品牌活动，更是一个校园优质就业求职平台，在校学生与企业高管面对面，真实还原招聘场景，给了在校大学生应聘以及学习应聘技巧的机会，在全校范围内都是独一无二的。第三季在前两季活动的基础上使活动整体流程更加完善，环环相扣，台上台下融为一体，呈现给参与人员一场名副其实的视听盛宴。招聘，我们是认真的。

我相信，"步职有我"系列活动会在学院老师和下届社联主席的带领下越办越好，让我们共同期待！

❖ 专家寄语

致李成颢同学：

扬起生命之风帆、让涛声为你伴奏，扯缆绳作琴弦；吹响理想之号角，奏一曲超越时空的乐声。其实成功的大门是虚掩的，只要你勇敢地叩开，大胆走进去，呈现在你面前的将是崭新的天地！

参与收获快乐

李成颢

我是李成颢，是吉林师范大学管理学院 2018 届毕业生，市场营销专业。

这两天，突然学妹说要写一篇"步职有我"活动的体会，看到这条消息的瞬间，有很大的惊讶顺带着还有一丝丝的欣喜，"步职有我"活动终于变得广为人知了。一瞬间有种做成了什么事情的自豪感和欣喜感。

首先感谢老师能给我们这么一个机会来锻炼自己。

先说说做这个活动之前吧，有两位学长做过两次，也去做过观众，当时觉得举办过这个活动的学长学姐们特别厉害，什么时候可以像他们一样去举办策划一些活动。看着台上做应聘选手的学长学姐们，也觉得一个个气度不凡。这就是和这个活动的前缘吧。

过了两年的时间，由于老师的信任，选拔我作为社联副主席，在做了一段时间之后，我记得那是在一个暑假的中后期，突然王秋锦（社联主席）和我说要开始做活动了。一瞬间还是有点懵的，毕竟是放假，什么活动会这么早。交谈了一会之后得知是"步职有我"活动。一瞬间激动了起来，没想到在时隔两年之后，我居然也会成为这个活动的组织者之一，瞬间热情高涨。之后就开始了 4 个月的组织策划活动之旅。

一开始的时候，我们需要去拉一些赞助，让我们的活动能够更好地开展起来，在这时，我们需要去找一些协议。这些协议的模板可以在网上找到，通读这些模板之后，根据我们自己的实际需要情况来编写我们自己的协议。在这个过程中，很考验一个人的组织概括能力。而且协议的内容需要反复斟酌，使之达到一个双方都能接受的点上。在最开始的时候是不太容易的，毕竟万事开头难。在经过不断修改之后，终于敲定下来。第一阶段结束。

之后是筛选各位参赛选手的简历，这需要老师们的帮助。在这种情况下，我们找到了赵永光老师来为我们点评和修改选手的简历，找到我们的缺陷与不足，看之后如何改正。这一阶段需要紧迫感，毕竟一个学期时间紧张，不能分配太多的时间。非常感谢赵老师，给我们提供了很大帮助，帮助我们少走了很多的弯路，节省了不少的时间。与人沟通会锻炼一个人的能力，这些能力在以后的生活工作上都是必需的，希望以后组织活动的人能借此机会多多锻炼和学习，掌握精通这些方面的技能。然后，我们需要录选手的 VCR 视频，这时我们需要借助传媒学院老师同学的力量。感谢传媒学院提供的支持。上面说到的沟通技能这时又用到了，希望大家多多掌握这方面的技能。

在以上事情都做完的时候，就快接近活动开始了。这时的事情几乎都是一些琐碎的事情，也许用琐碎来形容不太准确，但是我一时间也想不出比这个更好的词来形容得更准确一些。包括场地问题、确定活动确切时间、宣传、购买活动所需物品等一系列事情。在这些事情上，我建议以后来做这些活动的同学提前做好计划，规划好事情所需要的时间。这个能力慢慢锻炼，以后也会用到。毕竟活动开始的时间，也逼近期末考试了，这时你的时间都很宝贵，需要充分利用起来。活动准备中产生的费用发票记得留好存底。在平时做需要签字或者写文件之类的工作时，一定要细心，我就犯过一个错误，签字的时候没告诉老师应该签到哪里，结果第二天重签了一遍，浪费时间，浪费精力。希望大家以后注意。

活动开始，会场布置这些工作学院会帮忙组织策划，倒是不必操心太多。一定要把前期的所有事情准备好，这样才能做到万事无忧。活动的成功举办也就随之而来了。

在这个活动组织策划中会锻炼一个人的各种能力，这在以后的工作中都是必不可少的。希望大家不要一味地去做，要多想想为什么做，做的过程中还有什么老师不会告诉你而你自己需要去想的事情。这是一个快速成长的过程，希望大家多多加油。

最后再次感谢老师们能给我这个机会去参与这场活动。

❖ 专家寄语

致杨紫薇同学：

巾帼不让须眉的英气从你身上展现得淋漓尽致，工作生活开始之际，一切从零开始，雄关漫道真如铁，如今迈步从头越。在接下来的生活中相信会有一个更成熟稳重的自己。所谓名如其人，紫薇花开时，芬芳满桃源。

——吉林省华生交点集团大区总经理　金丹

步职有我，一路前行

杨紫薇

我是杨紫薇，是吉林师范大学 2019 届生命科学学院毕业生，生物科学专业。我是一个乐观开朗的女生，喜欢交友，喜欢笑，喜欢参加各种活动，在大学两年中，我曾多次获得专业奖学金，积极参加校内外各种活动，并取得了不错的成绩。我曾在 2016 年荣获 NOVO 青年创新者大赛暨 APEC 未来之声中国区选拔赛校园大使称号；在中国青年网校园通讯社 2016 年度评选中，被评选为"2016 年度优秀通讯员"；在 2016 年、2017 年"外研社杯"写作大赛中，分别荣获二等奖与三等奖的好成绩；在 2017 年全国大学生英语竞赛中获得三等奖的好成绩，在 2017 年大学生与大学生村官保险扶贫志愿服务活动中，获得了"农业保险志愿者"的资格；在 2017 年暑假，参与了 58 同城远程内容运营，第一次将我的家乡果松镇展示在公众面前。在 2017 年 11 月，我被评为吉林师范大学阅读协会优秀会长，并在 2017 年 12 月光荣地成为了一名预备党员！

2016 年，我大二，有幸观看了"步职有我"第三季的比赛，学姐学长的表现都非常棒，我也想站到那个舞台上，享受和高管面对面交流的机会。比赛结束，我幻想着我站在舞台上表现的样子，或紧张，或从容，或自信，或胆怯，我期待着明年站在舞台上的是我……

2017 年，我大三，10 月，第一次在宣传条幅上看到了第四季"步职有我"招募选手的消息，期待了一年的比赛终于来了，要参加吗？我会不会表现不好，纠结，忐忑，激烈的心理斗争，我还是带着最初的梦想报名了！

每个人都希望自己能成为舞台上最闪亮的那个，比赛之前的准备也是那么的紧张和激动。2017 年 11 月，我要参加教师资格证面试，白天完成了日常的复习，晚上一定要抽出时间看一期《非你莫属》，了解就业相关的信息，以及自己对以后未来工作职务的期望。我热爱新媒体运营，这个职位让我期待已久。选好了目标职位，专业知识一定也要加强，微信平台的维护，微信内容的编辑与排版、动画、视频的制作，是必须要掌握的，更重要的是一定要了解岗位需求，这样才能在才艺展示的时候，充分展示自己。"步职有我"是吉林师范大学管理学院品牌建设活动，管理学院也在比赛之前为我们进行了辅导，从服装到语言，让我们选手越来越像一个职场人！紧张、忙碌，准备了一个多月，比赛如约而至了。

　　坐在台下真的体会不到台上的紧张，观众永远都体会不了演员幕后的努力。比赛是下午 2 点开始，工作人员从 11 点就开始准备，一次次对稿子，一次次彩排，原来三个小时可以做这么多工作。我是 6 号选手，作为一个"压轴"的序号，我只希望我的表现也能"666"。看着前几位选手在台上表现得都非常好，心都揪起来了，真怕自己会表现不好丢人，事实上，站在舞台上的自己真的会紧张，每天都背一遍的自我介绍还是会忘词，高管问的问题，都不知道自己回答的是些什么，就记得稀里糊涂很快地说了一大堆，语速也变得越来越快，当自信地走下舞台的那一刻，我深深地知道，这次经历将是我一生的回忆。

　　天津卫视的《非你莫属》为所有就业者提供了一个与高管面对面的平台，吉林师范大学的"步职有我"为吉师的每一位学子也提供了这样的一个平台，我们可以在大学的时候就可以切身体会到将来工作面试时候的那种场面，这是难得的一次经历，也是宝贵的一次经历。参加这样的活动，我们不仅可以体会到站在舞台上，站在面试现场的那种感觉，同时，我们也可以参与到一场大型活动的幕后工作中，了解大型活动的细节与准备。"步职有我"是一个学生的舞台，台上的选手都很厉害，在这里，通过这个舞台，通过这次活动，我们大家也都成为了好朋友，我也认识了一大堆优秀的人。"步职有我"不仅给我们学生提供了舞台，提供了经历，也让我们收获了经验，收获了友谊！

　　"步职有我"已经第四季了，每一季的"步职有我"都有每一季的惊喜，每一季的"步职有我"都有来自不同专业的同学。起初，我以为这个活动只是为了非师范专业的学生而开展的，当我鼓起勇气报名时，才发现这是一个大众的、公平的舞台，它不会歧视任何一个专业，而且管理学院的老师还会征求大家的想法，并说服高管给我们提供我们想要的职位，在舞台上，我们每一位选手都找到了自己的目标企业与意向岗位，我也很感谢吉春制药的曹主管能给我一个为贵公司工作的机会，这也是我的荣幸。

从起初认为这是一个比赛，想得到所谓的证书与荣誉，参加了才知道，这是一次机遇，更是一次宝贵的经历，荣誉固然重要，但收获荣誉这个过程也是永生难忘的，感谢陪我参加比赛的亲友团，感谢帮我化妆、陪我录视频的室友，感谢工作人员一次次耐心的指导，感谢"步职有我"给我这个舞台，感谢管理学院给我参加比赛的机会，真的非常感谢。

2018 年，"步职有我"第五季即将也要开始啦，希望越来越多的学弟学妹们参加这个活动，越来越多的人走上"步职有我"这个舞台，相信学弟学妹肯定会比我们这些学长学姐表现得更好，一定都会在"步职有我"的舞台上一站到底！

最后，期待"步职有我"能够越办越好，希望我校毕业生都能找到自己心仪的工作！

❖ **专家寄语**

致王艺霏同学：

快乐是一种美德，因为它不但表现自己对这份工作的欣赏与赞美，也给周围同事带来温暖和轻快！工作中的我们，更要以一种乐观的心态去面对我们在工作中所碰到的问题。当你在工作中偶然走神，看着窗外的蓝天畅想一次美丽的约会或回忆一下童年的趣事，这种小小的刺激就像在烦闷的心情里加入了一点调味剂，平淡的生活即刻有了滋味，有了色彩。工作在这个大家庭里并不缺少快乐，工作内容富有挑战性，生活多姿多彩！

——吉林省华宇集团人力资源部经理　董丽

职道咏职

王艺霏

我是王艺霏，是吉林师范大学 2019 届管理学院毕业生，财务管理专业。

从以往的各种经验中，我们了解到就业是民生之本，大学生就业更是各种类型就业中的"本"中之"本"。伴随高等教育的迅猛发展和招生规模的不断扩大，大学生就业问题日益得到社会各界的高度关注。可以说，当前的大学生就业问题直接关系到学生个体自我价值的实现，我国高等教育有序、健康的发展以及整个社会的和谐稳定。与此同时，伴随着全球一体化进程的加剧，整个世界范围内的国际竞争越来越倾向于高级要素的竞争，在诸多高级要素中，大学生的就业能力以其至关重要的作用成为世界发达国家关注的焦点。从一定意义上来说，一个国家的大学生的就业能力决定了该国未来的国际地位。所以，党中央、国务院高度重视大学生的就业问题，把解决大学生就业问题作为执政的首要责任之一。当前和今后很长一段时间，中国处于一个非常尴尬的境地：一方面是社会经济的高速增长，另一方面却是劳动力就业弹性的持续下降；一方面是大学生人口比例很低、大学生人力资本储备很少的状况，另一方面却是大学毕业生高比例的失业情形；一方面是出现"用工荒"，另一方面却是"人才高消费"、大学生"无业可就"。在这种特殊的社会和经济背景之下，中国大学生的就业问题显得格外

"棘手"。

吉林师范大学基于当今发展趋势，立足国情，打造就业服务平台，推出了"步职有我"系列品牌活动。从前期的精心准备以及老师的面试指导到活动现场的初露锋芒、自我展示、职场测评、你来我往、意向签约，全方位、更直接地提前向即将毕业的大学生展示出职场面试竞争的激烈以及对大学生综合素质能力的考量。提供了良好的实习地点，丰富实习经历，培养了学生就业能力，为毕业求职做了良好的准备。

面试是一种特殊的人际互动，在当前的公开招聘的企事业单位人才录用、公司管理层选拔、单位内部竞聘上岗中，面试已经成为一个重要环节。合情合理的印象管理行为，不仅是应聘者胜任力的表现，而且对于某些岗位也是必要的，是个人修养的外在表现。从社会礼节和审美方面来说，应聘者对自己恰当的着装打扮、善意的言语和动作都是合理的印象管理；从个性和能力方面来说，应聘者重点介绍自己的特长、优势和符合岗位要求的个性特征，也是恰当的。印象管理行为会出现在众多的社会情境和组织情境中，由于招聘面试的"高赌注"性质，使这个场合尤其成为印象管理研究的焦点。"步职有我"中的"初露锋芒""自我展示"，通过 VCR 和个人简历等，短时间内通过合理的自我控制和印象管理，全面自我展示并突出特长展示，暗示 HR 自己所具备目标职位所要求的能力素质及就业能力。

在建设中国特色社会主义事业和实现中华民族伟大复兴中国梦的时代背景之下，加强大学生就业能力培养是思想政治教育"自上而下"运行的政治要求，是思想政治教育进入大学生"生活世界"的现实诉求，是思想政治教育"培养社会主义合格建设者和接班人"的价值需求。

就业能力这一概念源于就业，是根据大学生就业市场提出来的。美国教育与就业委员会关于就业能力的定义是，就业能力是获得和保持工作的能力，进一步讲，就业能力是在劳动力市场内通过充分的就业机会，实现潜能的自信。国内常见的定义或者描述有：所谓就业能力是指大学毕业生通过知识的学习和综合素质的开发而获得的能够实现就业理想，满足社会需求，在社会生活中实现自身价值的本领，也有的指人们从事某种职业所具备的能力。尽管就业能力的定义各不相同，但总体来说，就业能力是一种与职业相关的综合能力。我认为，就业能力是指在校期间通过学习和实践而获得的工作能力，它包括保持工作以及晋升的能力。"步职有我"中的"你来我往"让选手切身面对职场面试，与企业 HR 进行零距离沟通交流，进而在学习生活中针对性地提高求职就业能力。

　　大学阶段是大学生个性特征定型与完善时期，有着自我认知能力的人的一切努力都是"将世界的实在加以陶铸锻炼，换言之，加以理想化，使其符合自己的目的"。当代大学生严峻的就业形势要求大学生不断增强自我感化能力。随着我国市场经济的建立和发展，特别是现在高校毕业生就业体制改革以后，传统的计划分配已被"双向选择，自主就业"取代，成为大学生就业的主要形式。这种体制上和观念上的变化要求当代的大学生必须提升自我感化能力以适应社会需求。"步职有我"中的"职场测评"从企业面试官、教师、学生等多角度，为学生的职场应试能力进行现场评估，进行职场定位，树立正确职业认知，发掘潜在能力。

　　"步职有我"加强就业指导和就业教育，帮助大学生更好地了解就业形势和国家的就业政策，树立正确的教育观和就业观，鼓励和支持学生理性看待就业。将个人的就业需要和社会的发展需要结合起来，将个人教育与学校的就业教育相结合，进行合理的就业定位。在各方面的共同作用下，帮助大学生树立正确的就业观，从而理性就业。

　　梦想，可以天花乱坠，而理想，是我们一步一个脚印踩出来的坎坷道路。

❖ **专家寄语**

致赵江南同学：

水流最静的地方亦是它最深的地方，三年沉潜换来如今的自己。不忘初心砥砺前行是我对你的期盼，愿你在今后的工作当中，继续扎实沉潜，丰满自己的羽翼。待到风起时，必当鹏程万里。

——中国太平洋人寿保险四平中心支公司销售总监　王丽君

不忘初心，砥砺前行

赵江南

我是赵江南，是吉林师范大学 2019 届管理学院毕业生，人力资源管理专业。

"请问，如果因为你的失误，给公司造成损失，你会怎么做？请思考五秒钟给出答案。"

"首先，我不会逃避，主动承担后果以及对公司造成的损失。然后尽力弥补，最后是总结，找出自己存在的问题，解决问题，确保以后不会再犯类似的错误。"

台下响起掌声，经历了一道道难题，最后我成功地和四平万达嘉华酒店签约，获得实习的工作机会。这是我参加吉林师范大学"步职有我"印象最深的一道题。我们在台上每道题只有五秒钟的思考时间，想要做出解答，更多的努力源自平时的积累。

早在 2017 年 11 月我第一次有幸去现场观看"步职有我"，就被王钰逍学姐和陈鹏学长的精彩表现所征服。当时心里暗暗决定，明年自己也要参加，锻炼自己。

我如愿获得了参加 2018 年"步职有我"的机会。我们在 2018 年 10 月便开始了前期的准备工作，由于之前我们从来没有过这样的经历，管理学院给我们安排了面试前的培训。培训共分为四个方面：优势挖掘、简历制作、求职礼仪及面试训练。

我们要想得到面试官的青睐，就要在面试时充分展现自己特有的优势。老师给我们进行优势挖掘的培训时说：求职中要想获得 HR 的青睐，一个核心技巧就是"满足要求""突出亮点"，求职最大的技巧就是"寻找自己"，因为只有真正找到了自己的职业优势才能在未来的社会工作中做出属于自己的成就。最好的方法就是以某个职业岗位的要求为靶子，挖掘自身与岗位匹配的优势和亮点，从而能够在简历制作和求职面试中更好地告诉用人单位，我就是你们要找的人。老师通过构建起岗位胜任模型的方法帮助我们发掘自身优势。接下来是个人简历的制作。简历的内容，基本结构千篇一律，而真正做到让人眼前一亮却非常难。要遵循符合用人单位岗位需求原则，应聘不同的岗位就要准备不一样的简历，做到简历真正能体现个人能力及符合岗位需求的作用。对于求职礼仪的培训可以说十分重要，人们把学习礼仪当作学会生存和安身立命之本。我们不仅从仪容仪表方面去注意，更应该注意的是一个人的内在素养。礼仪的核心本质是尊重，学会尊重别人我们才能得到尊重。结合之前的三位老师给我们讲了一些面试技巧，我们进行了一遍又一遍的模拟面试训练，包括求职礼仪以及面试时会碰到的各式各样的问题。

在完成培训工作后，我们还有一项要准备的就是 1 分 30 秒的一个自我介绍视频。由于之前从没有过经历，所以在拍摄视频的时候也遇到了许多麻烦。内容空洞、面对镜头紧张等一系列问题。拍好的视频也是一遍又一遍剪辑重拍，还有声音收录不好的地方，需要重新进行音频插入。视频的制作大概反反复复经历了半个月的时间。

当一切准备就绪后，我们迎来了最后的验收工作，虽然会有紧张虽然还有许多不足的地方，但本季"步职有我"还是完满地结束了。该活动不仅给我们提供了实习的岗位，更难能可贵的是，给我们提供了这样一个平台，可以让我们提前感受面试的氛围，可以让我们清楚知道自己的不足，可以给我们的未来指明方向，可以教会我们如何发掘自己的潜力，帮助我们从容地完成从学校到工作岗位的过渡。

最后分享一些自己在这次经历中的心得体会：

第一，在参加面试前，首先要对所应聘的公司有充分的了解，包括企业文化、公司当前概况以及未来发展方向等。其次要对所应聘职位有充分的了解，包括具体职位所属部门，职责权限以及职业发展规划等。以便能做到对面试官提出的有关问题作出回答，也对自己面试的职位有一个清晰的认识。我在这次活动中就是充分发挥了这一点，在开始之前便已经对万达集团及旗下的万达嘉华酒店有充分的了解，在一轮轮的提问中从容面对，最终得到四平万达嘉华酒店人力资源经理的青睐，成功签约。

第二，我觉得参加面试时，仪容仪表很重要，毕竟第一印象来自外表。在衣着方面，我觉得最好是穿正装，这既体现了对面试方的尊重，又能展现应试者阳光自信的精神风貌。即使不穿正装，也要做到衣着得体，整洁大方，不要穿得特别另类，因为这样很有可能就引起某位面试官的反感，留下较差的印象。

第三，在面试过程中，尽量避免紧张情绪，争取做到思路清晰，表达准确简洁。在与面试官交谈时，要与对方眼神交流，眼睛不要看其他不相关地方，也不要只低着头，这样会显得没有自信心。

第四，对面试官提出的问题要给予明确回答，不要含糊不清，即使是比较棘手的问题，也不要不去回答，可以巧妙应变。同时，在回答问题时，要注意分析面试官提出的相应问题的用意，从而斟酌出令其比较满意的答案。

第五，在面试官的问题差不多提问完毕时，要主动把握机会，引导对话内容转向自己的优点提出一些自己比较关心且有意义的问题，占据面试的主动性，从而使对方能够看到自己的优势，使自己更有机会在面试中脱颖而出。

最后，希望同学们能珍惜在校学习时间，努力提高自己，多多学习知识。这是一个被说了很多但是却十分重要的建议。只有真正到了工作岗位才知道自己要学的还有很多。

❖ **专家寄语**

致邹明雨同学：

在青年时代，为了自己光辉的未来，就要敢于在泥泞、汗水中摔打，养成不屈的精神，不弯的脊骨。只要有这种精神，随着年龄的增长，再加上社会风浪的考验，就一定会在不知不觉中出现具体的成果。

——四平万达嘉华酒店人力资源部经理　王量

立德立言，无问西东

邹明雨

我是邹明雨，是吉林师范大学 2019 届外国语学院毕业生，商务英语专业。

能够参加此次"步职有我"活动，是我的荣幸；而在这次活动中取得了不错的成绩，不仅要感谢管理学院老师和学生干部对我的细心帮助，更感谢企业高管和大众评委对我自身能力的认可，从而我也更理解了汪国真之人生三层境界的深刻内涵。

一、昨夜西风凋碧树，独上西楼，望尽天涯路

偶然一次机会，得知"步职有我"这次活动，喜欢挑战的我毅然决然地选择了参加。因为在人生的旅途中，经历就是一种收获，一种成长。经过管理学院老师及学生干部几次悉心指导与帮助，在对于此次比赛有了初步的了解后，我有了丝丝悔意，因为比赛远远比我想象的要难。这个比赛并不是英语专业赛事，而是求职应聘类，是综合素质的比拼和考量，而对于此次活动，我仿佛就是一个门外汉。无论在前期准备上，还是在比赛环节上，都不是一件易事。于是我付出了许多的努力和心血来缩短和其他选手的差距，在比赛前，我查阅了大量关于企业的信息，了解了企业发展理念以及运行方式，同时对各位高管的相关信息有了初步了解。虽然内心波澜四起，但仍选择眺望远方，坚守初心。

二、衣带渐宽终不悔，为伊消得人憔悴

经过一个多月的准备，终于要踏上战场了，内心突然有些忐忑和紧张。但当我走上台的那一刻，面对着高管、老师和同学们，我内心的声音愈发坚定，我沉浸在这场比赛中，全身心地投入进去，将自己的知识和能力毫无保留地倾泻出来。我紧握话筒，侃侃而谈，如有神助。当我走下台的时候，我明白，自己的付出没有白费，它们都体现在了我当时的言谈举止中，传达到了每一个人的心里，而结果是什么，已经不再重要。回到自己的座位上，终于可以静静地欣赏其他选手的比赛，从幕后走向台前，从组织者到今天的参赛者，完完全全是抱着一种学习的态度，每一位参赛选手都值得我去认真学习，能参加到这样一个专业性赛事，肯定都是有其优势与特长，作为一名选手，通过比赛吸收他人长处，弥补自己的短处，这才是参加比赛的真正意义。大幕已落，尘埃既定；不问前程，但求无愧。

三、众里寻她千百度，蓦然回首，那人却在灯火阑珊处

作为学生会主席，在各种大型活动中，更多的是承担幕后的工作，而真正去参加这样的活动好像还是头一次。从幕后走到台前，对我既是锻炼，也是激励，更是收获。在这场比赛中，我收获了许多深刻的求职经验。

首先，知识。对于大学生而言，知识能力非常重要，这也是老生常谈的话题。作为学生，学习是我们的本职，也是永远不会过时的话题。在确定了自己的职业目标后，应当让自己努力朝这一方向发展，在大学期间努力打好自己的专业知识基础，使自己在求职路上立于不败之地。当然，学习不能只局限于那些单纯的理论基础知识，还应有实际应用的知识，并辅以实践操作，将更有利于未来的工作岗位和自身的发展道路。

其次，交际。除学习之外，人际交流与沟通的能力也十分重要。我们的学校开设了许多社团，不仅丰富了学生的课余生活，很大程度上也给学生创造了与他人交际的机会。我们应当抓住这个机会，锻炼人际交往的能力。将来在求职过程中，面对陌生的环境、陌生的考官，才不会手足无措，语无伦次，展现不出自己真实的水平和能力。

再次，平和。保持一颗平常心是很重要的，在面对许多次的失败后，许多心理素质不好的人就会丧气，不愿意继续前行；而对于初次涉世的大学生而言，求

职过程所面对的挫折将是更加巨大的，这就要求我们对每一次的面试做充分准备，保持一颗平常心，胜不骄，败不馁。

最后，坚持。常言道，罗马不是一天建成的，而称心如意的工作岗位也往往不是一天两天就可以赢得的。当你自认为有了足够的能力和水平来面对自己的求职时，也可能会遭遇许多的困难、挫折、磨难。那么此时，就要让内心保持坚定，不停地往前走，曙光终会来临。

此时，我不是以一个参赛者的身份对大家说教，而是以一个即将离开大学校园的大四学长的身份给大家来讲述我的这次经历与感受。大家都有一种上了大学就要好好享受的心态，不参加活动，宅在宿舍打打游戏看看剧，饿了就订外卖，每天的步数都不超过一百。然后在大三大四的时候随便找一个工作，干了一段时间又果断放弃，又回到毕业就失业的状态。这是大学生普遍的通病，找不准自己的定位，对自己的未来没有职业规划。以前的我也什么都不懂，总以为船到桥头自然直，直到参加了这次比赛，才深刻地意识到自己的差距到底在哪里，怎样去弥补差距。参加比赛仅仅只是我们更好地认识自己的一个途径，更需要大家有这种忧患意识，学会成长，为自己的未来交上一份满意的答卷。

众里寻她千百度，蓦然回首，那人却在灯火阑珊处，努力不一定会有回报，但不努力一定没有回报。

"步职有我"不仅让我收获颇丰，对于全体大学生来说更具有指导性的意义。面对严峻的就业形势，许多大学生还是认识模糊、不识大局，存在自身综合素质不高、适应社会的能力差、难以符合用人单位的要求等问题。一些大学生在学校里只满足于所学课程，缺乏广博的知识积累和解决实际问题的能力，加之语言表达能力不足，在应聘场合紧张、胆怯，不能充分展示自己，从而错过了许多工作机会。对于自身认识不清，还没适应社会残酷的就业形势等问题，此次管理学院将求职类活动直接引入到校园中，群体面向广大大四在校生，不仅为我们进行就业的相关指导，更让我们真真切切地感受到职场应聘的激烈，提前体会到职场就业的艰难与不易，更好地帮助大学生树立一个正确的就业观。

一位大四学长真挚的建议：希望大家能在今后的学习生活中不断学习新的知识，紧跟时代步伐，去更多地了解和汲取先进的思想理念。同时，培养自己的人际交往沟通能力，保有一颗平和而坚定的初心，路才能越走越远。人生还有许多未知的精彩等待我们探索，我们能做的，便是立足当下，自强不息；只问初心，无问西东。

❖ 专家寄语

致赵婷同学：

南酣涛海亦英雄。希望你能顺其自然，脚踏实地。不必着急定多少年的目标，精心布局的职业生涯规划可能陷入强烈功利心追求目标而不健康成长，人在江湖其实身不由己。职业生涯无法规划。但要有个人能力规划，缺什么就补什么，脚踏实地，一路走来总有无心插柳柳成荫的收获，要的就是超越期望的兴奋，而不是仅仅符合要求的满足。

——吉林省吉春制药人力资源部主管　曹阳

"步职有我"参加体会

赵婷

我是赵婷，是吉林师范大学 2019 届旅游与地理科学学院毕业生。

参加这次活动缘于一次普通交谈。我与本次活动的学生负责人韩阳相识近一年，经常进行学生工作上的交流，使我们逐渐熟悉，不仅成为了工作伙伴，更成为了私交很好的朋友，本着互帮互助的原则，在她邀请我参加"步职有我"活动的时候，我没有犹豫就答应了。当时觉得，首先，活动本身对于即将毕业的我有一定吸引力，提前感受现场面试肯定对于将来找工作只有好处没有坏处；其次，参加个活动应该不会太费时费力，对于平时举办活动也不少的我来说应该更加轻松。但经过了一段时间的准备后才发现，这个活动似乎和想象中有一定的出入。

活动的前期准备阶段就让我感受到了本次活动的正式，首先是学院领导为我们介绍了活动流程的会议，老师的细致讲解让我对本次活动有了一个初步了解，也感受到了学院领导对活动的重视，活动流程的详细介绍不说，单就服装发型这些小细节上的要求就让我感到了本次活动的学院领导对活动的细致。会议结束后的很长一段时间，活动的工作人员都在协助我们进行本次活动前期准备的重点任务——拍摄面试者的自我介绍视频。这部分任务十分细碎烦琐，工作人员对拍摄服装情况的收集让我感受到了管理学院同学们的细致。这次拍摄，视频的大致构思成了我最大的难题，多亏了拍摄小组小伙伴们的帮助，我才能顺利地完成视频拍摄。拍摄过程中困难重重，那天天气非常不好，呼啸的大风时常阻拦我们拍摄外景的进度，但"步职有我"拍摄组的小伙伴们依旧毫无怨言地跟随我走遍了大半个校园，而且在这里，有一个小细节也让我预感到了本次活动一定会圆满成功——拍摄小组的三位成员都是管理学院的成员，在我们从一个取景点到另一个取景点途中闲谈时我得知我们的拍摄小组中不只有本次活动的学生负责人韩阳，还有她的社联秘书长杨雨晨，在杨雨晨替换另一位成员拿起摄像机拍摄的时候，她跟我说"杨雨晨是万能的""办活动一个好的伙伴真的是很大的助力"，话语中的骄傲让我对活动的举办更增加了一分期待。

2018年12月13日下午活动正式举办，我们面试者提前来到报告厅彩排的时候，工作人员都早已经到达了报告厅，三次现场彩排后观众正式入场，在学生主持人和嘉宾主持人介绍后，活动正式开始，虽然已经进行了多次现场彩排，但看得出大家在上台的时候还都有些紧张，很多彩排时发现的细节问题也都时有发生，而场下的另一位工作人员也是让我印象深刻的，在每一位应聘者上场时他都会在场下认真观看，并且把细节上的纰漏再次跟未上场的应聘者重申，这种在细节上试图尽善尽美的心，让我很感动。

伴随着极富旋律与节奏的歌曲，带着一丝丝兴奋、一丝丝紧张，终于到了我的"面试场"，VCR播放后进行简单的自我介绍，一切按部就班，但是才艺展示环节出现了彩排时没有的情况，我的小才艺——微信排版小视频只有歌曲和画面，持续播放一分钟现场气氛有些尴尬，迫不得已，我只得在画面播放的同时向各位面试官和观众对微信平台以及秀米图文排版等进行简单的介绍，在才艺展示这个环节上没有准备充分以及在彩排时没有发现问题是本次活动中出现的一个较为不该的失误点，希望今后不管是在学习生活中还是在学生工作中都可以减少这样的失误，这也算是我参加活动的一点点小收获。接下来的问答部分则是我比较擅长的了，近三年的学生工作不只锻炼了我的组织协调能力，也锻炼了我的语言表达能力，面对面试官的问题，我能在简单的思考过后，简洁清晰地表达我自己的想法。在平时的幕后工作中，我并没有发现这一点，但在活动的这个环节，我惊喜地发现或许我在大学中的成长并不只是自己认为的学业进步，学生工作逐渐熟练，各种荣誉证书的逐渐取得，也有我在性格上的锤炼，这让我想起我在大一参加学生组织面试时对我想成为一个优秀的人的解释，还记得当时我说，我想成为像老师和各位学长学姐一样的在面对各种场合都能从容应答的人。我想我也正在逐步向优秀迈进吧。同时，面试官对于我的回答的精彩点评，以及对我提出的问题的全面解答也让我受益匪浅。

鞠躬离场，紧绷了近一个半月的心忽然放下了，坐在场下的时候静静回忆这个活动的始末感觉收获颇多，和身边的各位面试者也从原来的陌生人变成了说说笑笑的朋友，跟结束了的交流经验，给没上场的鼓励。或许学生活动就是有这样让人与人之间亲密的魔力，在活动中我们之间没有名次获奖等级的竞争心，只有彼此之间的关心。

活动结束的当天晚上，老师上传了非常多的活动照以及活动视频，听其他的面试者说，我才知道老师跟拍了整个活动都没有休息。敬业的老师，可爱的伙伴，细致的各位工作人员，都是让我感动的存在。

从最初的不以为然到现在的万分珍惜，感谢当时的自己给了现在的我一个机会，让我能够得到那样一份值得自己回忆的经历，看到了那么多敬业、细致的老师同学，听了面试官们在工作中的经历和心得，认识了更多优秀的值得我去学习的小伙伴，"步职有我"不只让我提前学习到了面试中的技巧性知识，更让我看到了优秀的人有什么样的品质，期待有一天我能变得更加从容，在面对优秀的人时不胆怯，有底气。

"步职有我"，谢谢你！

❖ **专家寄语**

致赵萌萌同学：

时光荏苒、弹指一挥，年轻的你们将走出校园、走入社会。在这日新月异的世界，希望你们带着强大的自主意识，带着强大的社会责任感，带着正能量的人生观、世界观，在今后充满机遇和挑战的征途中，百折不挠、努力追寻。

——吉林省华宇集团人力资源部经理　董丽

步职有我，职等你来

赵萌萌

我是赵萌萌，是吉林师范大学 2019 届环境科学与工程学院毕业生，环境工程专业。

2018 年 12 月中旬，我参加了管理学院学工品牌"步职有我"活动，一年一度的模拟招聘会使每一位参赛选手都热血沸腾。此次活动分为五个部分：初露锋芒，展示自我，职场测评，你来我往，意向签约。

一、初露锋芒

这个部分每位参赛选手都准备了一段 VCR，通过短短的三分钟，让各位高管团成员对每位参赛选手有一个初步的了解。说实话，VCR 的录制过程充满了趣味，在此向管理学院各位工作人员表达由衷的谢意。

二、展示自我

VCR 结束，选手上台简单地做一下自我介绍，然后就是才艺展示部分了。不得不说每位参赛选手都是多才多艺，不管是专业知识的掌握，还是新媒体的运营。一首 *What do you mean* 更是轰动全场。

三、职场测评

在这个环节，每位参赛选手将抽取一道简答题现场作答，结束之后由各位高管团成员对选手表现进行点评。我还记得我抽到的那道"对团队精神有什么理解",所谓团队精神就是牺牲小我顾全局的精神。

四、你来我往

综合上几轮选手的表现，在这个环节，选手和高管团成员将进行进一步沟通和交流，高管团成员对选手的表现提出与之应聘岗位有关的专业相关的问题，选手也可以对高管团成员所在企业岗位提出自己关心的问题。

五、意向签约

在每个环节的最后，高管团成员都会选择是否亮灯来表达自己的想法。在最后一轮，为心仪的选手留灯，参赛选手也可以选择性地灭灯。如果双方达成共识，便可签约。同时，大众评审也对选手进行打分，最后综合大众评审和高管团成员的分数进行排名。

通过此次"步职有我"活动，能够使我们更好地面对即将到来的就业招聘，通过模拟招聘，让我们接触、了解到招聘会的各项环节，切身感受求职应聘流程，认清自己的优势和不足，积累宝贵的求职经验，并反馈到日常的学习生活中。为将来走向社会、走向工作岗位打好坚实的基础，从而进一步提高我们在未来求职就业道路上的竞争力。

通过这次模拟招聘会，和优质企业高管进行面对面深层次交流学习，我从中感受到了一个企业招聘流程的严谨以及对人才考核的种种要求，并且仔细观察、分析和比较面试官和应聘者的心理变化及语言活动。以前自己没注意到的问题在应聘者身上体现了，自己以后正式面试就要引起注意了。

这次招聘会，让我感受颇深。从高管团成员来看，面试需要准备自己想了解应聘者的相关问题，以便更好地考察应聘者能否胜任本公司招聘职位的要求。通过面试问题可以看出企业选取人才的标准主要有：进取心和热情、沟通技巧、成功经历以及理性思考能力、计划组织能力和抗压能力等众多方面。面试时应聘者要有表达自己的强烈意愿以及对公司的了解与认可，最重要的是要看清简单问题中存在的陷阱，理性思考，沉着应对。同时，积极自信更应是面试者需要给面试官展示的重要方面。

从应聘者看来，要事先打印出简历，把自己的工作经历及求职意向清楚表达。在简历中把自己的联系方式注明，使用人单位能及时与你取得联系。制作简历也很重要，需要去好好了解自己所去面试的公司，看它具体需要些什么能力，从而摆正自己的位置，对号入座。不要直接罗列自己的经历，应和它们所体现的能力相对应。另外，在面试时要保证良好的精神面貌。我们作为年轻的大学生应该朝气蓬勃、充满自信，要相信自己所掌握的知识和技能一定能胜任要从事的工作。

重视举止形象。面试时要掌握必要的礼仪和谈话技巧，并要适当地"包装"自己。在面试时最好都能正装出席，不要穿着过于花哨。女孩子不要穿跟太高的鞋。站姿、坐姿都要注意，有的同学一紧张就抖脚，这给人的印象很不好，以后一定要注意这点。还有就是声音一定要洪亮，表达要清楚，语速适中，过快或过慢都不是很好。要有礼貌，上台站直后向考官问好是很必要的。面谈时，避免先谈待遇，如果能就单位的情况谈些有深度的看法或建议是最好不过的。

通过这次模拟招聘会的分析比较，我发觉自己还有很多不足的地方。交流沟通能力以及应变能力还存在不足，不够沉着冷静，太容易紧张。所以，趁我们还没离开学校，还有时间去准备一些该具备的证书、技巧、能力，要从现在开始严格要求自己，努力改变自己，并不断完善自己。公司需要的是人才，而想要成为心仪公司需要的人才是要付出很大努力的。不能做思想的巨人，行动的矮子。记得在知乎看到过这样一段话："如果你有一份工作，请做好现在正在做的事儿，让工作填满你的脑海，去改进、去学习、去进步，记住一句话：主动做事和被动做事完全是两码事儿，永远用主动的态度和更多的工作时间去填补你本身的不足。"工作并没有想象中那么难找，而是许多人对自己的期望太高，对社会的要求太多。我认为我们大学生在毕业寻找工作时应该以一颗平常心去对待，要明确自身条件，不要眼高手低，更不能自卑，用积极主动的态度寻找、对待工作。

这次模拟招聘对我的影响特别大，它使我发现了自身的优势和不足，让我明确了求职面试中需要注意的问题及未来的奋斗方向。我相信下一次的面试我们都会有更好的表现。

❖ 专家寄语

致陈奕同同学：

学习，就是努力争取，获得自然没有赋予我们的东西，回首，是一段青春无悔的岁月，前望，有一个繁花似锦的前程。

——吉林师范大学管理学院党总支副书记　江超

乘风前行

陈奕同

我叫陈奕同，现就读于吉林师范大学教育科学学院 2017 级学前教育专业，是一名大一新生。在第四季"步职有我"活动中担任学生主持人。

高中阶段，我在努力学习的同时，积极参加各项活动。获得钢琴十级等多个证书，多次在校内外的活动中担任主持人。曾被评为吉林市优秀团干部，吉林省三好学生等。进入大学，在学习上严格要求自己并积极参与活动，在新生"我要上典礼"选拔赛中代表教育科学学院参赛，获得一等奖。多次在学院的"学生工作品牌建设活动之我有十八分"及"说教论育话成长之学霸思享会"中担任主持人。在生活中，我乐于助人，关心集体。

通过本次"步职有我"活动，我认识到，随着大学毕业生就业制度改革和中国高等教育进入大众化阶段，大学生就业形势日益紧张，我将自觉遵守学校的各项规章制度，补充自己各方面的不足，做到学以致用，努力将自己学到的科学文化和专业知识真正运用到社会主义现代化建设与社会发展中去。在实践中锻炼自己，磨砺自己，为实现伟大的中国梦做出自己应有的贡献。

作为一名教育科学学院的大一新生，我非常荣幸地受邀参加了管理学院组织的本次活动，并担任主持人。在接受任务后，我认真了解了以往几届的情况，知道"步职有我"是吉林师范大学学生工作品牌系列活动之一，活动面向全校同学招募选手和观众，力求不同行业，不同思维与视角呈现社会上最真实的面目，自 2014 年举办至今已经 4 季。共聘请校外实践指导专家 20 余位，联系建立优质就业实习基地 20 余家，23 名学生应聘者与招聘单位签约，签约率 100%，3000

多名学生成为活动受益者。活动一开始，我就被深深吸引住了，整个过程精彩纷呈，亮点迭出，使我很受启发，也很有体会。

一、特殊时刻赋予特殊意义

任何个人的命运都是与国家的命运紧密联系在一起的，党的十九大是全党全国人民政治生活中的一件大事，我们每个人都将受到非常大的影响。党的十九大报告指出，青年兴则国兴，青年强则国强。全党要关心和爱护青年，为他们实现人生出彩搭建舞台。我感到，这次活动就是为青年成长搭建的一个非常好的舞台。从VCR的短片介绍，到学生拿手的才艺表演，再到各位高管与学生进一步的交流和沟通，最后由高管对心仪的学生留灯后进行签约。一系列的活动流程下来，让在场的三百多名师生大呼过瘾。以党的十九大精神为引领，以加速青年学生成长为导向，以专业化、市场化评判为标准，以不断扩充的高管团数量和综合实力为基础，以在校学生和企业双方的互利为目标，凸显"商务型、现代型、礼仪型"的特征，是我对本次活动的深刻感受。

二、务实内容推动务实作风

党的十九大报告明确提出，就业是最大的民生。要坚持就业优先战略和积极就业政策，实现更高质量和更充分就业。提供全方位公共就业服务，促进高校毕业生等青年群体、农民工多渠道就业创业。在活动中，担任现场主持人的企业主管能够紧密结合实际，以机智幽默的方式，为应聘者提供职业心理剖析、入职建议和职场忠告，帮助大学生树立健康积极的求职观。参与活动的选手们也通过与各企业人力资源高管的交谈，尽力展示出自己的优势，不仅提高了现场应变能力，也使求职方面的知识技能得到锻炼，走出未来求职择业的迷茫。

"明者因时而变，知者随事而制"，摒弃不合时宜的旧观念，冲破制约发展的旧框框，才能让各种发展动力充分迸发。通过对四季活动内容的比较，我感到本次活动的内容又有了崭新的变化，充分体现出党的十九大后的新时期新特点，具有非常清晰、非常丰富的时代印记，更加注重创新发展，更加注重求真务实。本次活动告诉我们，不驰于空想，不骛于虚声。路在脚下，要想把美好的蓝图变成现实，就必须扎扎实实地行动。

三、特别节点带来特别感受

对于即将走上职场的大三大四学姐学长们来说，通过"步职有我"不仅取得了宝贵的求职经验，也有了和优质企业高管面对面深层次交流学习的机会。对于我这个刚刚步入大学校门的大一新生，感受颇深，如果说在入学后我们每个人制定的职业规划只是对自己的学习及未来职业发展的一个初步认识和计划，还比较粗浅，那么通过这次活动，我进一步了解了社会现实，提前感受到了压力，我认识到，随着大学毕业生就业制度改革和中国高等教育进入大众化阶段，大学生就业形势日益紧张。为了在人才济济的市场中脱颖而出，获得社会的承认，成功地赢取一份满意的职业，就必须提前做好规划，并努力按照规划去实践。因此我要在大学期间认真学习各种专业课程，不断扩大和拓展知识面，提高自己的综合素质，加深理论知识的"厚度"；通过积极参加各项活动，深入到社会实践中去，不断增强自己对社会的了解，用党的十九大精神和科学的理论调整自己的认知，摆正自己认识社会的"态度"；经常参加一些公益活动，培养自己的爱心和乐观向上的精神，提高自己在社会中的"温度"。立足专业，突出重点，打好基础，力争上游，争取在四年毕业后，在学业上有所提升，无论是从事实践工作还是研究工作都能做到基础扎实，有的放矢。

党的十九大报告中提出，优先发展教育事业，办好学前教育、特殊教育和网络教育，提出提高就业质量和人民收入水平，总书记的报告为我们指明了奋斗的方向，我们一定不能辜负习近平总书记的期望。

同心共筑中国梦，精彩吉师我先行。党的十九大的东风给了我们无尽的动力，为了实现中华民族伟大复兴的宏伟蓝图，我们应该更加勇敢地承担起应负的责任。行百里者半九十。学最好的别人，做更好的自己。乘风前行，我们永远在路上。

❖ **专家寄语**

致祝彬同学：

人一生的价值不是取决于他一生获得了多少，而是取决于一生付出了多少，而付出的多少取决于你在青春的努力，越努力，越幸福！

——吉林师范大学管理学院党总支副书记　江超

展现自我，追逐梦想

祝彬

一、自我介绍

我是祝彬，来自吉林长春，就读于吉林师范大学管理学院人力资源管理专业，是 2016 级 3 班的班长。

平日里，我喜好看书、看电影、听音乐，以及看话剧和音乐剧。我会在图书馆坐上一整天，只因为找到一本很久之前听过的书，也会在寝室里看一天的老电影，感受 20 世纪 80 年代的世界；我还会特地跑到一些去过或是未曾去过的地方，也会去看我喜欢的话剧，也会在安静的黄昏傍晚，独自一人戴着耳机看夕阳西下，哼着我爱听的小调。

在一年半的大学时光里，我一直是一个对学习、生活和工作都有着十足热情的人。我积极参与了班干部及学院学生干部的竞选，也在各类比赛中，取得过不错的成绩。像是在管理学院"互联网＋"大学生创新创业大赛中获得铜奖，在娃哈哈全国大学生营销实践大赛中获得二等奖，并在大一下学期获得了三等奖学金。

此外，在高中时期，我学习过表演、播音主持，对艺术有着相对浓厚的兴趣。因此，在大学里，我也参加了不少相关的比赛活动，在这些各种活动中，我曾是演员，是参赛者、组织者、主持人，也曾是观众。我曾获校金话筒比赛 40强，思语者比赛 12 强。在两年的大学生活中，我曾主持过学院的重点团日活动，主持过管理学院 2017 级社团联欢晚会，也主持了第四季"步职有我"活动。

在两次参与"步职有我"活动的过程中，第一次，我是礼仪及工作人员；第二次，我是主持人并参与了部分工作。

二、活动见解

"步职有我"是吉林师范大学学生工作品牌系列活动之一，面向全校同学招募选手和观众，力求不同行业、不同思维与视角呈现社会上最真实的面目，到目前为止，活动已经成功开展了四季。每次的活动中，我们都能看见许多优秀的吉师学子在这个舞台上展现自我风采，放飞理想青春，并以此为自己毕业以后的人生做好万全的准备。

活动由管理学院主办，各学院同学都积极参与。每次活动之前，管理学院所有的老师同学都会沉浸在一段忙碌的生活中，从活动计划到讨论，从讨论到决定方案，再到最后的实施，以及前期的宣传和后期的总结。虽然也会觉得辛苦，也会疲惫，但在这个环境下，这种氛围里，大家都情绪高涨，热情积极，而所有的工作也都有条不紊地进行着。

"步职有我"活动一直秉着公正、公开、公平的原则，各选手积极展现自我进行问答，并与企业高管进行面对面的沟通与对话，最终才能获得与优质企业签约的机会。活动结果由面试官、高管团评审与学生评审团综合打分，形成选手的最终得分，最后再根据分数排名予以颁奖。"步职有我"活动培养了当代大学生的主动性和积极性，历练了坚定不饶的进取意志、保持了乐观向上的精神状态。

"步职有我"活动意在为当代大学生提供更多的求职机会，以积累经验，提供面对各位企业高管学习交流的机会，丰富自身的知识基础，并确定求职方向。当代大学生近 20 年的生活均存在于学校与家庭中，而不久之后未曾经历过社会磨砺的我们就要进入社会。就业，将是我们面临的第一大关，校园内的磨炼、经验积累，对于以后的社会求职将有着巨大的帮助，它不同于社会的当头一棒，而是温柔细腻地将社会的规则讲述出来，为当代大学生开辟一个新的世界。

三、活动过程

此次活动于 2017 年 11 月初便开始策划进行，宣传、招募、人员分配，所有的一切都按部就班。

我于 2017 年 11 月末接到了主持的任务。由于观看过上一季的活动，对于主持现场，我稍有些印象。在学长学姐的帮助下，我们找到了以往的活动录像，并开始了认真的学习。在初始的主持稿上，我发现有部分内容与现在情况不太相符，便进行了修改。而后，我与另一位主持人开始对稿，并在对稿过程中对稿件不断进行修改。此后，学长学姐以及老师对稿件做了多次的反复修改。对于此次活动，其中的每一个细小的部分，对我们都十分重要。老师多次的指导，解答困惑，学长学姐多次的帮忙，传达信息，每个人都在这次活动中扮演着十分重要的角色。

仍记得活动前的那个晚上，直至深夜大家都还在不停地忙碌。那天熄灯后，我将最终的稿件发给了学姐，才知道原来大家都还在做最后的努力。

活动当天中午，大家急急忙忙地在教学楼与报告厅之间来回奔走，每个人都行色匆匆。活动最终顺利地开始了，我们完美地做好了开场，一切都照着我们计划的那般，有条不紊地行进着。当我走下舞台，坐在观众席上的那一刻，我看着周围橘黄色的灯光，蓝色的座椅，看着满墙的气球和面前悬挂的横幅，看着舞台上熠熠发光的人们，看着台下欣慰的学姐学长和评委席上面露笑容的老师。我知道，这个活动，我们成功了。活动最终圆满结束了，大家绷紧的神经终于也松懈了。

四、感悟体会

这次的"步职有我"活动后，紧接着管理学院的社团联欢晚会，大家的准备时间十分紧张。我未曾全程参与活动，而仅是作为一个帮忙的人，加入到这个活动中。我很感激这样一次机会，我也渴望站在一个舞台上，渴望展现自己。除此之外，在后台，在过程中，我一次次地看着问题被提出被解决，一次次地看到我的学长学姐们去组织去安排。我想，我也学到了很多，学着去进行合理的人员分配，学着去进行合适的工作安排，学着去讨论去沟通，学着去主动解决困惑。

我们大学生，是社会未来的希望，是祖国正盛开的鲜花。我们不该永远在温室里长大，可我们又好像还支撑不住社会的风吹雨打。这次活动在老师的帮助下进行，我们在社会校园的呵护下开花。

我们即将走入社会，即将要去创造我们自己的天地，天高任鸟飞，我们应如何发展，如何找到适合自己的天空。现在的我们有机会，有资源，我们能问、能讨论、能学习，我们应该学会从现有的资源中积累经验，学习提升自我。

"步职有我"校园应聘实战节目，对于我们而言有着非凡的意义。一路走来，我们在不同的庇护下长大，未曾真正自己动手为自己创造过什么，我们怯于展现自己，害怕被忽视，同时我们又总是自命不凡，认为自己高人一等。

现实是海上的浪花，狠狠地掀起又重重地拍下，而我们只是还未长大的小船，在小河边停着，却自以为早已经得起海里的风浪。我们还太稚嫩，还应该不断地长大，在我们还无须接受风浪拍打时，在我们还不用承受柴米油盐的折磨时，在生活还未曾磨平我们棱角的时候。

我们该记得，让自己变得强大，并越来越强大。

❖ **专家寄语**

致韩阳同学：

命运给予我们的不是失望之酒，而是机会之杯。愿你能牢牢把握住每次机会，超越自己，创新发展！

——吉林师范大学管理学院分团委书记　纪赛易

坚持的意义

韩阳

我是韩阳，吉林师范大学管理学院 2019 届毕业生，财务管理专业。

一、前期准备——摸石头过河

我是第四季"步职有我"的组织者之一。作为这次活动的组织者，在开始的时候心里有很多的不安和担心。我想尽我自己所能去做好这个活动。对很多大四面临择业选择的同学有很大的帮助。此项品牌活动的目的是使学生更加了解职场需求，为学生提供面试技巧的学习，本次品牌活动旨在使这个活动进一步成为全校范围内的标志性活动，并不只是局限于管理学院这个范畴以内。因为对这个活动的重视，整个准备过程我花费了大量的时间，并且尽量做到没有遗漏，谨慎求稳。前期需要准备的工作包括校园宣传（海报、横幅设计及张贴，各学院内的宣传工作）；高管嘉宾的聘请；选手的报名及面试；选手 VCR 及个人 PPT 制作；活动片头制作；嘉宾主持人和学生主持人的沟通串词；观众座位席的分配位置；活动桌椅、活动用水的赞助；证书的制作；学生礼仪的确定；评分的细则及评分人员的确定；LED 板上。活动名称；选手、活动负责人与嘉宾主持人接触，进行进一步的活动环节的磋商；选手的彩排；VCR、PPT 的进一步修改完善；VCR、PPT 的调试；场地的布置（主要是现场的海报、横幅张贴摆放，高管嘉宾席位的确定及桌椅摆放）；主持宣布选手奖项；老师领导颁奖（同时播放选手奖项 PPT 名单）；学生退场；场地清理（桌椅的归还，卫生的打扫，海报、横幅、剩余活动用水的撤离）；选手、老师和高管团合影。事无巨细都亲力亲为。为了最后选手的精彩发挥，我们尽全力去打造最好的平台。最后，一切准备就绪等待着活动的正式开幕。

二、活动现场——惊喜和感动

活动当天，先进行的是嘉宾和观众入场就座，活动在主持人介绍以后正式开始，并按照设定的流程顺利地进行。开始是初露锋芒：播放选手的 VCR，使高管团对其进行初步了解。然后是展示自我：请选手上场，主持人采访他回答一些问题，并进行才艺展示。在这之中出现了一个小问题，在播放视频的时候有一些小故障导致了视频播放迟缓，但是最后也都很快解决了。之后进行的是职场测评，嘉宾会问选手很多关于职场上的问题，选手对答如流，显示了他们的冷静和自信。下一环节是嘉宾对自己觉得满意的选手提出问题，和他更深层的交流。最后一个环节就是意向签约了。看到最后一刻真的让人热泪盈眶。我看着台上选手的喜悦，我想这其中有我尽的一分力。虽然过程中有很多的难关，有很多的问题，要一项一项地解决，真的很累，可是看到圆满结束才觉得这一切的辛苦其实都微不足道，因为这一刻只有欣喜和感动。同时从选手身上我看到了那种自信的光芒，也许这才是他们最优秀最值得学习的地方。

就像索拉利奥的"自言自语"——人应该给自己自信的暗示。

流浪街头的吉卜赛修补匠索拉利奥，每天早上起床的第一件事，就是大声地对自己说："你一定能成为一个像安东尼奥那样伟大的画家。"说了这句话后，他就感到自己真的有了这样的能力和智慧，他就满怀激情和信心地投入到一天的工作和学习之中。十年后，他成为了一个超过安东尼奥的著名画家。

自信的力量是无穷的。给我最大鼓舞就是这份自信，可以因为我的努力让大家看到，让欣赏它的人看见。

三、感想体会——为自己觉得对的事坚持

这次活动已经结束，给我的影响和感动却一直在心中。从前期准备一直到最后活动圆满结束，我做到了很多，也学到了很多。在最累的时候想过放弃，有过找不到方向的时刻，但是都咬牙坚持下来，最后才会圆满地结束。这就像是人生一样，有很多次想要放弃可都没有真正放下，因为那是我们喜欢做的事，是我们觉得对的事。即使再累也能甘之如饴。看见选手签约成功，看见他们展现自己的时候我想我很开心，因为他们的成功而开心。曾经在网上看到过关于董明珠的事

情。在那个年代，董明珠和很多年轻人一样，出身平平，资历也很一般，1990年，董明珠辞去工作，南下打工。已经 36 岁的她，到了格力公司，从一名基层业务员做起。不知营销为何物的董明珠却凭借毅力和死缠烂打，40 天追讨回前任留下的 42 万元债款，令当时的总经理对她刮目相看，一时间，成为营销界茶余饭后的故事。这位女强人的创业项目财富之路就是从这里开始的。靠着勤奋和诚恳，董明珠不断创造着格力公司的销售神话，她的个人销售额曾经飙升至 3650万元。她的"牌理"只有一个：坚持自己的原则，去做自己认为对的事。

我想下次我还会坚持去做。我会把这个活动一直做下去，我会尽全力地组织好它，让每一个优秀的选手、每一个有光芒的选手，都能在这个平台上闪闪发光。

有信心的人，可以化渺小为伟大，化平庸为神奇。

❖ 专家寄语

至刘宜轩同学：

驾驭命运的舵是奋斗，领航命运的帆是努力，愿你能不懈地努力奋斗，掌握专业知识，掌握网络知识，做一个新时代的硬核青年。

——吉林师范大学管理学院党总支副书记　江超

精心准备、精细规划、精彩绽放

刘宜轩

我是刘宜轩，是吉林师范大学管理学院 2019 届毕业生，财务管理专业。由于从小对电子数码科技有着浓厚的兴趣，所以我会在课余时间看大量的与数码科技的相关信息，同时也对 PC 电子设备、移动智能设备有许多研究。承蒙老师的支持与信任，在 2015～2016 学年第二学期成为信网部部员，2016～2017 学年担任管理学院信网部部长以及管理学院社联副主席。参与两次"步职有我"的策划、制作和导播活动。

当我第一次开始准备"步职有我"的现场导播活动时，刚刚步入大学二年级，还很懵懂，因为第一次接触这个活动，没有什么经验，于是决定提前两个月开始准备选手的幻灯片以及相关视频的工作。当时 2016 年第三季"步职有我"活动定在 11 月中旬，所以我在 9 月中旬就开始准备后台的工作。

最开始的准备工作是充满乐趣的，通过与选手的沟通，为选手制作出好看的幻灯片和剪辑出丰富多彩的 VCR，我们在沟通、修改中互相交流想法，力求做出最好的效果，在现场将其呈现给观众与高管团。在整个准备沟通的过程中，也认识了许多优秀的学长学姐，看到他们身上的优点、闪光点，同时也鞭策着自己努力学习，成为像他们一样优秀的学生。

在第三季的开场之前，我还是非常紧张的，因为很怕现场出现状况或没有按照预期的流程进行，从而对现场效果有影响。不过第三季的现场是非常顺利的，如我所愿。在经过提前一周的彩排和彩排后的实际现场修改，当时的现场几乎完全按照当时计划的预期流程走完。记得当时活动结束后，我回顾了两个月以来的日日夜夜准备的过程，心中充满了成就感。

在2017年准备"步职有我"的过程中，我与李烁阳同学、郁鸿畅同学一同尽自己的最大努力，精细认真地为选手准备现场的幻灯片与视频。我与李烁阳同学负责选手的幻灯片以及现场导播工作，郁鸿畅同学负责选手的VCR剪辑工作。

2017年是我第二次成为"步职有我"的现场导播，有了2016年的经验，我们在幻灯片放映、视觉效果、背景音乐氛围以及活动整体衔接方面都有了更新的计划。我们分析了2016年的现场不足之处，还共同研究了哪些现场效果环境可以有改进、提升的地方，认真选取并剪辑了候场、退场、选手签约、登台音乐，并在环节上加强衔接、制作了精美的幻灯片。

"步职有我"活动第四季的现场最终也非常顺利地结束了。2017年的现场补上了2016年音乐的遗憾，整体的结构衔接严谨完整，同时也很好地烘托了现场的氛围，一切都和预期的效果一样。2017年的"步职有我"第四季是我心中最完美的一季，没有之一。

能够两年两次参加"步职有我"活动并成为现场导播，这是我人生中非常宝贵的一段经历。2017年的"步职有我"可能是我在后台做导播的最后一次了，两年来我在信网部工作，信网部是一个严谨认真、充满凝聚力的团队，我们整个团队在"步职有我"这个校级别学生工作品牌项目中能够尽自己的一分力，我们真的深感荣幸。

"步职有我"活动形式上更加贴近校园模拟招聘，并且面向全校学生，以专业化、市场化进行评判和严格挑选选手，扩充了"高管团"的实力，开拓了校园新媒体的开放程度。"步职有我"同时也实现了在校学生和企业双方的直接联系，使作为大学生的我们可以有机会直接与"高管团"交流沟通接触，学生选手接受挑战，回答"高管团"的提问，争取获得自己心仪的实习岗位。学校里举行这样的招聘会不仅是给学生创造就业的机会，也让我们这些来参加活动的学生有见识、有收获，在以后的招聘上会有很大帮助。希望以后我们的活动可以有越来越多的同学来参加，同时也希望我们的活动可以越办越好。

两年过去，从幻灯片、写初稿、视频剪辑到反复修改，期间经历了喜悦、聒噪和彷徨，在整个准备过程中心情是如此复杂。如今，伴随着"步职有我"活动越来越好，复杂的心情逐渐烟消云散。

非常感谢学院老师的支持与信任，并对我们的工作给予修正与指导，感谢所有吉林师范大学管理学院团学联的同学，以及我们的信网部的每一个人，没有你们，就不会有 2016 年的"步职有我"的成功以及 2017 年的更上一层楼，你们的支持与情感，是我永远的财富。

❖ **专家寄语**

致杨雨晨同学：

你用才智和学识取得今天的成就，又将以明智和果敢接受明天的挑战，愿你一直拥有这一往无前的精神，你活泼，善良，在生活中表现出朋友风范，我希望以你的自信，以你的开朗，以你的毅力，你一定能够驶向理想的彼岸。

悠然自得，言行行果

杨雨晨

我是杨雨晨，于2015年考入吉林师范大学管理学院，主修国际财务管理专业，是第四季"步职有我"的组织者之一。

简单地跟大家分享一下我的心声。

首先非常感谢老师，如此重要的活动能交给我来组织，也希望我的全力以赴能够真正让这次"步职有我"做得更有意义和价值。

一、常释怀而不抱怨

其实，组织这次活动，压力还是很大的，要直面许多的不理解和抱怨，但是面对这许许多多，不仅要承受，也要释怀。能够承受，那是一种能力；而能够释怀，则是一种态度。承受是需要有坚强的意志力、高度的责任感和广阔的胸襟；而释怀却需要极为淡然的心态和勇于放下的态度。内心的强大使我们学会了承受，内心的空灵使我们懂得了释怀。承受能使我们强大，而释怀使我们无敌。漫漫风雨人生路，经历将会是你人生最大的财富，失败和挫折不仅有痛苦和无奈，更多的是为你带来沉淀后的经验和教训，它会给你一种压力，一种指引，它能让你更加努力、更加强大，它能指引你前行的方向。灯红酒绿，万千浮华，都会慢慢沉淀，最后是如水般的平静。时光虽然磨灭了当初你的青春年少，意气风发，却让你历练出了一分成熟的魅力，醇厚绵远，芬芳四溢，让你浸染着内涵的升华，沉淀着时光的动人。

二、见世面并有主见

很多事情，包括"步职有我"的组织，要想真正做好，那么一定不要盲从别人的意见和建议。自己首先应该有一个主意，但是也不能固执。自古以来，名臣良相都不仅是靠自己一个人的打拼和奋斗，都有很多谋士为他出谋划策，有很多拥护者坚决执行他的决定。所以，主见也意味着对别人的意见进行筛选和归纳，同时，只有一个人有了主见，才能服众，决策才能得到执行。那么，如何做到有自己的主见呢？首先，你要扩大自己的知识面，只有你比别人有见识，比别人懂得多，那样你说的话才有分量，你才能服众，才能得到别人的认可。很多情况下，主见也可以作为知识的代名词，只有拥有大量的知识储备，才能让你在遇到事情时敢于处理，因为你懂的比他人多，也就是知识比他人多。因此你就有决定权，也就是说，事情是由你说了算的，那么，你就有了主见。其次，你需要树立自己的自信，你要相信自己能勇敢地面对问题，相信这个问题你一定可以解决，坚持自己的事情自己解决而不是一味地寻求别人的帮助，寻求别人的意见。再者，有主见的人的心理都是很成熟、很强大的。年龄并不可以完全决定一个人是否成熟。成熟是需要经验积累。当一个人有了一定程度的经验积累，那么在为人处世，待人接物时就会从多方面看问题，这样自然就会体现出他的成熟。经验的积累不是随着年龄的增长而自然地增长的，而是需要与社会长期的接触，需要和不同的人沟通和共事，再加上一定的头脑，才可以令你成熟，才可以让你变得有主见。

三、勇创新且擅综合

作为"步职有我"的组织者，我当然更希望能将这次活动办得比以往更好，那么这就要求我们一定要具备创新意识。创新意识是突破活动原有模式并进一步开拓前进的有力武器，"步职有我"已经是第三季了，有很多形式和内容在传承的基础之上，也应该与时俱进，使其不断丰富。创新思维要求我们要具备灵活的、开放的思路，要有很多别出心裁、出其不意的想法，这就要求我们要努力学习，要不断地扩大知识面，从而提高自身的创造性思维能力，要做到常思易新。此外，创新思维也要求我们要尽可能地利用一切可利用的手段，对往届所举办的"步职有我"活动进行细致全面的分析、整合、研究，即要求我们"以史为鉴，以史为机"，以产生具体的创新想法。

四、致广大而尽精微

古语有云：天下大事，必作于细。如今时代在急速地发展，人们的生活节奏也越来越快，不可避免地，我们周边充斥着浮躁的气息，很多人信奉"成大事者不拘小节"，不愿意在细枝末节上停留，可是一件事情若要真正做好，那么细节才是致命的、决定性的因素，须知小事成就大事，细节成就完美。"步职有我"的准备工作更是需要精益求精，我们不仅要做一个雄韬伟略的战略家，更应该是一个精益求精的执行者。每一个可能出现的问题及其解决措施、所有的流程和节奏的安排……祸患常积于忽微，每一个看似并不重要的问题都需要仔细考虑。

五、寄语

路，一眼望去，没有尽头；

不怕路陡，就怕路远；

不怕路多，就怕路杂；

不怕路险，就怕路直。

❖ 专家寄语

致姜墨涵同学：

青春是最好的粉黛，笑容是最美的风采，气质是最美的装扮，自信是最大的自在。我在你的身上感受到了青春的美好，愿即将走出校园的你，勇敢地张开翅膀，去追逐灿烂的阳光。请记住，每棵大树，都曾是一颗种子。

——百度营销大学东北授权中心业务部经理　田鹏

抓住机遇成就更好的自己

姜墨涵

我是姜墨涵，是吉林师范大学2019届管理学院毕业生，财务管理专业。

首先我很荣幸能够参加管理学院品牌学生工作"步职有我"活动，也很感恩能够得到诸多厚爱，诸多支持，下面就简单地跟大家分享一下我的一些想法。

30多年前，再结晶宝石首次在日本合成成功。这种人工宝石的成分结构与天然宝石完全相同。如制造祖母绿宝石，就是使用了与祖母绿成分相同的金属氧化物。把熔融的、颜色鲜红的金属氧化物冷却，在这个过程中，放进小块天然结晶物作为种子，像培育它长大一样，让它再结晶。这颗种子过早投入，因为高温，晶体会熔化；投入过迟，晶体就难以长大。在分毫不差的、精准的时刻，投入小小的天然宝石晶体，然后看它"越长越大"，宛如看到生命的成长过程。

抓住时机，打开成功之门。看见十只兔子，你到底会抓哪只？有些人一会儿抓那只兔子一会儿抓这只，最后可能什么都得不到。而成功人士只会等待时机抓住想要的兔子。就像人工合成宝石一样，金属氧化物再结晶，只有在分毫不差的精准时刻，投入小小的天然宝石晶体，然后看它"越长越大"，从而获得成功，否则前功尽弃。所以，成功人士是既有意志力，又善于等待并把握时机的人。可见，把握好时机是打开成功之门的钥匙。

时来易失，赴机在速。2004年，40岁的狂人穆里尼奥曾说过"上帝第一我第二"这样桀骜不驯的话，而当世人都笑话他，说他是白痴时，他得到了一个证明自己的最好时机。欧冠联赛是世界上最好的足球联赛，这里汇集了世界所有最好的球队。可狂人的球队实力平平，而穆里尼奥在欧冠联赛中却一路杀到了决赛。到了决赛，狂人运用他的战术打败了当时欧洲最强的球队。这百年难求的时机狂人抓住了，夺取了当年的欧洲冠军，自此封王。事实充分证明：时来易失，赴机在速，抓住它多么重要！

不错时机，征服命运。他不到 1.7 米的个子，身材瘦小，但他却对于时机有着独特的嗅觉。当时他不会打高尔夫球，而在雅虎创始人杨致远的邀请下，他还是去了。当时这里有许多互联网的精英。这帮人让他和 UT 公司的执行官吴鹰比打高尔夫，两人都不会打高尔夫。而且这些人还赌他和吴鹰谁会赢。大多数人看好吴鹰，而只有杨致远说不一定谁会赢。吴鹰一球打空，而他一杆把球打走很远，他把身材高大的吴鹰比下去了。让众人很惊讶，但当时杨致远却很看好他。就是这样的一个机会让他有了日后十亿美元的合同。他就是中国商业届的红人马云。因为他对时机的嗅觉，才会成就今天的阿里巴巴；因为不错时机，才能征服命运。

错失流泪，一错再错。有一句话说得好，为错过太阳而流泪的人，或许会错过群星。天才往往因为自己一次错误而失去自己美好的明天。他是一位众人认为的天才，高中时大家都称他是天才，而当时他也是很努力地好好打球。这样一个努力的人成为了 NBA 的状元，而且球队也有乔丹这样的巨星帮助他，可是这样好的时机他却没有把握住，从而失去自己天才的光环，被人骂是水货。后来他也失去了自我，失去了未来，他就是夸梅布朗——NBA 史上的最水状元。

经验告诉我们：良机不容错失，一错再错，必将放跑机会，空悲切！

好的时机只有稳稳地抓住，才会有美好的未来；做一个有心人，学会抓住时机，在没来的明天，太阳就会等着我们，星星也会眨眼翘首期盼。朋友，请握紧手中那把开门的钥匙吧！

❖ **专家寄语**

致谷雨辰同学：

终于将离开象牙塔，步入社会开启新旅程，希望你能怀揣梦想与信念，拥抱时代和变化，培养积极正向的心态，勇于承担责任踏实前行，让自己每天进步一点，在未来的人生中不负青春赢得精彩！

——宏宝莱饮品股份有限公司新零售渠道经理　王劲

遇见更好的自己

谷雨辰

我是谷雨辰，是吉林师范大学 2016 级经法学院学生，国际经济与贸易专业。

首先我很荣幸能够参加吉林师范大学管理学院品牌学生工作"步职有我"活动，也很感恩能够得到诸多厚爱，诸多支持，下面简单跟大家分享一下我的一些想法。

一、一路蜕变，一路成长

成长是人生中必不可少的话题，于我而言，它更是自己在大学生活中的所有蜕变的总和结果。

当初还是懵懵懂懂的大一新生，对新学校新环境都充满了好奇和疑问。后来是慢慢摸清门道的大二学生，积极参加各种学校学院组织的活动，每天元气满满，一点都不觉得累。时光荏苒，到现在我也已经成长为大三的学姐，对这个学校有了更深入的了解，同时也对自己有了更加清醒的认识。知道自己到底应该做些什么，知道自己到底想要的是什么。

"步职有我"对我来说是一个很好的成长契机。对于这次比赛的前期准备，让我变得更加细心耐心。在比赛过程中，也让我学会如何灵活地运转大脑，如何面对考官的随机提问。在比赛结束后，我观看了比赛视频，总结了自己很多不尽如人意之处，争取在以后的生活中、工作中、活动中能够改正缺点，做到完美。大学生活快走过三个年头，在这里学习，在这里生活，在这里经过岁月漫流，在这里顶住风雨洗礼。一路走来，一路蜕变，一路成长。

二、一路准备，一路收获

众所周知，有这样一句耳熟能详的话："机会是留给有准备的人。"我想抓住所有让自己成长的机会，所以，我时刻准备着。保持昂扬向上的积极的人生态度，提醒自己要努力，告诉自己要记得自己的目标。要友善，要优秀，要成为闪闪发光的人。可能就算再怎么努力，也还是有很多事情都无法如愿，但庆幸的是自己遇到了很多不错的人，得到了很多不错的机会。

人生哪里都是修炼场，"步职有我"的舞台，更是我这二十几年来所遇到的最好的机会之一。我感谢各位校领导老师的抬爱，我感谢自己的"时刻准备"，让我有机会参加此次比赛，有机会将自己的能力展示出来，有机会向自己证明自己的所有准备和所有付出都是有意义的，都是值得的。

我认真听取了各公司负责人的意见，对自己的很多不足之处都有了整改方向。在其他选手身上也看到了很多自己技不如人的地方，这也会让我越来越进步。更加要感谢四平市宏宝莱刘经理对我的赏识，给予我的实习机会。我也一定会加倍努力完善自己，做到不负众望。

我也会常怀感恩之心，感谢生命里出现的每一个带给我成长的人，因为我一直相信这样一句话："人品和骨子里带的善良感恩，真的会庇佑一个人顺遂无忧地走很远很远的路，这是恩赐。"这是我的信念。

此次比赛在与各公司负责人及各学院优秀同仁的交流中，我受益匪浅，这些也是我在以后工作中的宝贵经验，更是往后漫长岁月里弥足珍贵的记忆。

三、一路奔跑，一路欢笑

生命不息，学习不止。生命不息，前进不停。既然选择了远方，便只顾风雨兼程。坚守自己内心真正的目标，不要害怕，不要退缩，要勇往直前，一路闯下去。也许在我们去往目的地的途中，会遇到各种艰难险阻，但是只要撑住，只要不放弃，所有的一切都将迎刃而解。

日本后现代主义作家村上春树说过这样一句话："喜欢的事自然可以坚持，不喜欢的怎么也长久不了。"所以如果真的有一件很喜欢的事情，那就坚持下去吧。我认为，历经千险，然后排除万难是最酷的人生态度。这世界上只有一种英雄主义，就是在看清生活的真相后依然热爱生活。我也同样觉得这世界上还有一种坚持值得骄傲，就是在明知前路困难重重的情况下，还是选择继续奔跑。

所以只要你一直努力，总会有人看到你的付出。当你拼尽全力时，全世界都会为你加油。

正在加油努力着的每一个你啊，未来都值得拥有所有胜利的欢笑。正在加油努力着的每一个你啊，未来一定会遇见更好的自己。

四、寄语

你不能控制天气，但你能改变心情；

你不能预知明天，但你能掌握今天；

你不能改变别人，但你能展现自己的笑容；

你不能左右生命的长度，但你能加宽生命的宽度。

❖ **专家寄语**

致王正攀同学：

任何时候都可以开始做自己想做的事，希望你不要用年龄和其他东西去束缚自己。年龄不是界限，除非你自己拿去为难自己。人生需要规划，但是意外总是会有，与其强求某事某地达到某个目标，不如顺其自然。当然不是说听天由命，而是听从心的方向，去做到最好。

——宏宝莱饮品股份有限公司新零售渠道经理　王劲

抓住机遇，迎接挑战

王正攀

我是王正攀，是吉林师范大学 2018 届历史文化学院毕业生，历史学专业。下面由我简单地跟大家分享一些我的心得。

总是止步于青山绿水处，倾听不经意的鸟鸣虫叫；总是流连于山穷水尽的路口，期待柳暗花明又一村的奇迹；也总是沉醉于灯火阑珊，回首刹那默然的惊喜。机遇可以改变人的命运。也许正是怕错过稍纵即逝的它，才会如此珍惜上天赐给我们的每一个时刻。抓住机会，就相当于抓住了成功，机遇是成功的前提，等到机遇就成功了一半，但能否成功就在于你是否抓住了它。一个明智的人总是抓住机遇，把它变成美好的未来。2018 年 11 月，我参加了"步职有我"第五季，作为一名选手，在参赛前我就了解了"步职有我"这个学生工作品牌项目。2014 年这个品牌项目由吉林师范大学管理学院创立，而作为历史文化学院的一名学生这是我的一个成长的机会。

如氤之间，明月可掇，你在清风夜唳之中，独立于乌江之上，你那深邃的眼神让人迷离，此时的你大概已了然了吧，犹记得，鸿门宴上，优柔寡断不仅让你错失了杀刘邦的最好机会，更落得个"竖子不足与谋也"的评价，也许你是后悔的，当四面楚歌之声响起，你知道一切都晚了，你颈血浸染乌江，苍天抽泣，大地无语。人这一生实在没有过多的机遇供你去把握，一次的错过足以让你身败名裂，当然，一次的把握也足以让你光辉一生。

没有资本，再好的机遇也是枉然。"杂交水稻之父"袁隆平花费了六年时间，不断观察、不断摸索，像神农尝百草，日复一日地在一簇簇野草堆里搜寻，最终开创了震惊世界的一次"绿色革命"。因为努力，因为善于抓住机遇，更因为他那丰厚知识的沉淀积累，让他在机遇面前，有了更进一步对自己人生升华的资本，没有这些，即使机遇仅仅是与他一步之遥，这一步也永远是那么的遥不可及。

世称"卧龙"的诸葛亮可谓三国时期一颗明星，然而世人尽知其神机妙算，却不知他隐居隆中边种地，边修学，静观天下，待机而出。刘备的三顾茅庐，为他的出山提供了最好的机会，多年的知识储备让他早已按捺不住寂寞，大干一场才是他所追求的。也许无边的等待是痛苦的，但只要相信机遇青睐有准备的人，那么当机遇来临，我们的人生就会变得分外辉煌。

机遇是可遇而不可求的。往往成功与失败就在这一念之间。成功者必然懂得怎样去抓住机遇，利用机遇。俗话说："机不可失！"说到机遇，没有比车手更了解的吧。对于车手而言，弯道就是他们反败为胜的机遇！就是一位开着普普通通的车的车手，由于很有赛车天赋，从而在为他们家的豆腐坊送豆腐的几年中，被他的父亲发掘，在他父亲的暗中教导下，他的车技越来越好，由此引来很多业余车手或正式赛车手来和他挑战。而他的必胜法宝就是弯道，他的车很普通，不能和他的对手相抗衡，所以只有弯道是他反败为胜的机会，而他也懂得抓住机遇，利用机遇，从而创造出属于他自己的神话。诸葛亮也是这样的一个人，在有名的赤壁之战中，诸葛亮巧借东风，歼灭曹操的 30 万大军，以少胜多的诸葛亮在我们心中塑造了一个神机妙算的形象，但东风真的是借来的吗？不，诸葛亮知道未来的这天会刮起东风，他抓住了机遇，从而利用机遇，通过赤壁之战流传千古。机遇是可遇而不可求的，但机遇是成功的垫脚石，所以我们要抓住机遇，利用机遇，迈向成功的大门！

❖ **专家寄语**

致赵玉婷同学：

一个人，要想在激烈的人生竞赛中胜出，首先要修炼自己的心态，培养有利于自己走向成功的积极心态。不必后悔过去，不要强求未来，认真对待生活的每一刻，"当下"才是生活的真实状态。

——四平君乐宝乳业有限公司副总经理　解晓凯

从认识自己到完善自己

赵玉婷

我是赵玉婷，是吉林师范大学2018届管理学院毕业生，人力资源管理专业。

经过大学的磨炼，我不断强化自己，提高自己，优化自己。在这一季的"步职有我"中，我懂得了如何变通，如何与高管交流。现实中的求职要求的是我们如何与人交流和表达自己的能力。在短暂的时间内，我们应该让自己的想法能够让高管们清楚。

一、要分清楚自己在哪里，要到哪里去

首先我们要清醒、客观地剖析自己，问问自己，我是怎么样一个人，我有什么优势，我的缺点在哪里？然后尽可能地了解所征求的公司情况、工作性质、对应征者有何特殊要求，需要什么样的技能，自己是否符合这个要求，认真分析过后，才能做到知己知彼百战百胜。

也就是我们通常说的要确定自己的目标，有了目标我们才能有前进的方向和动力。我们应该清楚地认识到自己现在处于什么水平，以及想要达到什么水平。同时，要对自己的求职意向做到心中有数，如我们到底想去哪里发展，从事什么样的工作，然后在这个目标的指引下有针对性去寻找工作，一步一个脚印地实现自己的理想。有了目标，你才能为之努力，向着你的梦想走去。

二、有的放矢地制作简历

简历到底是厚点好还是薄点好，我个人认为没有定论，应具体情况具体分析。但是我们的简历一定要有自己的特色，最好能够让用人单位一眼就记得你的简历。有的同学一下就将自己的简历复印十几份，其实我不认同这样的做法，因为我们每次面试的单位并不一样，我们应该有针对性地来做我们的简历。简历的封面不需要多复杂艳丽，简单的简历更能打动面试官的内心。

三、表现出自己的优势，扬长避短

无论何时我们都应该要充分地认识自己，发现自身的优点与不足。在找工作的时候我们应尽可能地把自己在这份工作中的优势凸显出来，将面试官深深地吸引住。当面试官问到你的缺点时，选择坦诚也不失为一个好方法。一定要将自己的长处在短时间内清楚地表达出来。

四、适时总结

现在的就业压力很大，岗位之间的竞争更是激烈。找工作并不是一蹴而就的事情，或许很长一段时间我们都无法找到自己满意的工作，这个时候千万不要着急，我们应该冷静下来，认真地进行总结，客观正确地看待自己，评价自己，看问题到底出现在哪里并加以改正。适当的总结会让我们懂得每个阶段自己得到的经验，知道下一阶段自己应该如何努力奋斗。

五、端正态度，定位准确

找工作的时候，我们一定要端正自己的态度。摆正自己的心态，我觉得这对于想找到理想工作的人非常重要。千万不要好高骛远、眼高手低。毕业生也是普通的劳动者，我们一定要有向下看的勇气，先就业再择业。通过三年多的学习，我相信我们每个人的收获不同，长处也不一样。每个人要根据自己的情况确定求职方向，是主攻公司、外企，还是把精力放在国企、事业单位。定位过高容易造成屡战屡败，会严重挫伤自信心与战斗力。定位过低又会形成资源浪费。求职期望值不要太高。有些求职的同学在选择单位时，不切实际地确定了过高的标准，因而导致求职失败。对于落聘者来说，就要及时调整自己的心态，适当降低这些高标准，针对自己的特点与实际，选择更适合自己的单位。有的单位具体情况不能兼顾你的要求，就要抓住主要矛盾。

六、求职时不能夸夸其谈，锋芒毕露

相互尊重和以诚相待是人与人相处的基本原则，在与用人单位面谈时要通过谈吐谦逊、自然来增加自己的可信度和亲和力。夸大其词与不恰当的锋芒毕露会使别人反感。我们求职时不能够不端正思想作风和态度。思想作风、工作态度不好的人，再有能力也不会被聘用，更不会被重用。若工作态度不认真，作风散漫，不能与他人合作共事，势必办事效率低，也影响到整体的效率和带坏作风。这样的人是不受欢迎的。说实话，在整个求职的过程中，一路走来真的有很多感悟和体会。个人感觉，找工作的过程从某种意义上来说是一种重新认识自己，一边认识工作，再找到适合自己工作的过程。

❖ 专家寄语

致李子洵同学：

时光荏苒、弹指一挥，年轻的你即将走出校园、走入社会。在这日新月异的世界，希望你带着强大的自主意识，带着强大的社会责任感，带着正能量的人生观、世界观，在今后充满机遇和挑战的征途中，百折不挠、努力追寻。对未来不要给自己设置界限，因为能力没有边界，作为年轻向上的力量，希望你不断创新与尝试。如果你能让时间在你身上安静地沉淀下来，你的空间和未来将是更加巨大的。

——华生燃气集团人力总监　杜巍

更好的自己

李子洵

　　我是李子洵，是吉林师范大学 2019 届管理学院毕业生，财务管理专业。

　　2018 年 11 月，"步职有我"第五季已经成功落幕。作为参赛选手，比赛虽然已经结束，但它给我带来的反思一直鞭策着我尽快做出改变。

　　"步职有我"作为吉林师范大学管理学院创办的招牌活动，旨在帮助大学生了解并掌握如何求职，对我而言，活动不只教会了我求职技能，还改变了我的思维模式。大学几年顺风顺水的经历让我养成了一种思维，即认为很多事情只要"我以为"就可以。真正站在决定命运的导师面前时才发现，事情永远不会像你想当然的那么简单。"步职有我"给了我一次提前醒悟的机会，在走向社会的求职前教会了我理智。

　　无论和谁竞争，最重要的就是你自己。在"步职有我"活动过程中，认识了很多优秀又各有特点的参赛选手，可以站在最终的舞台上对每个人而言都是一种肯定，也是一种激励。你有实力，但哪里也都不缺有实力的人。只有自己积累了足够的能力才可以和足够优秀的人一起工作、一起努力，也只有在这样的环境中才能让你意识到自己究竟有哪些方面需要提升。同时，你需要清醒地认识自己，好高骛远是万万不能的，在这个年纪你永远是需要学习来充实自己的，学习老师，学习身边的人，学习书本上前人的知识都是让你看清自己成长方向的好途径。

我们也要做好每一件小事，所有的成功都是由一件件认真完成的小事组成。眼中只有目标却没有铺好通向目标的路，最终结果只能是失败。对于这次"步职有我"活动而言，对公司和希望应聘的岗位都是需要做好充分了解和准备的，做好了准备工作才能让招聘方留下一个好的印象，我们应该拿出做大事的态度来做好每一件小事。

活动中的特长展示或许不会对工作有什么帮助，招聘方是否选择你并不是一个特长所能决定的，但它代表着你的一种生活态度。所以没有其他特长，只知道学习专业技能也是不合适的。

契诃夫曾感慨，要是活过来的那一段人生只是一个草稿，能够把它再誊写一次该有多好！

生命对每个人来说只有一次，谁都想让它精彩且辉煌。可惜的是，人生是没有草稿的。人生没有完美可言，生活中处处存在着遗憾。"步职有我"给了我们一次机会，给我们提供了一个提前感受就业形势，体验面试流程的机会，也是一个直面自己优缺点，让自己提前改正的机会。

随着社会的迅速发展，就业环境也一直在变化，作为高校学生的我们，必然要面临就业问题。很多刚踏入大学的学生对于活动甚至有一种躲避的态度，但只有积极参加这样的活动才能让我们认清自己，充实自己。同时也呼吁广大同学积极参与到我校的各项活动中来，在活动中锻炼自己，让自己怀揣着自信与能力踏上社会，为吉师争光！

寄语：青春在于学习，青春在于奋斗，不要停止我们前进的步伐，因为青春的路还长。

❖ **专家寄语**

致孙卓同学：

假如生活是一条河流，愿你是一叶执着向前的小舟，假如生活是一叶小舟，愿你是个风雨无阻的水手，希望是坚韧的拐杖，忍耐是旅行袋，希望你可以拥有它们，登上属于自己的成功殿堂。

醒着

孙卓

我是孙卓，是吉林师范大学 2020 届管理学院毕业生，公共事业管理专业。

三年，我不记得这样的自我介绍说了多少遍，但是却没有一次，可以为"步职有我"念出这一段自我介绍。但现在，我终于有机会好好地讲一讲我与"步职有我"的"不解之缘"。

2016 年 11 月 16 日，是我初识"步职有我"的日子，在此之前，我对于它一无所知，更不知道我入学的那一年它已经圆满举行了三季。作为一个刚入学的"萌新"，我对这里的一切都充满好奇。有幸，我成为了那一年"步职有我"的礼仪。由于身高的原因，那不是我第一次为活动当礼仪，但却是我最为期待的一次，因为那是我入学以来接触到的学院的第一个大型活动。我渴望知道，这个活动开启以后是什么样的，我渴望了解，是什么样的学姐学长撑起了这次活动。可惜的是，当时的我看完了全程，却并没有理解，也没有太大的感触，只是向接受电视台采访的王秋锦学姐投去了钦佩的目光。

2017 年，我大二，12 月 13 日，我迎来了"步职有我"的第四季。说起我与第四季的相遇，我要感谢老师和第四季的组织者韩阳和杨雨晨两位学姐，是他们给了我再一次接触"步职有我"的机会，也是他们给了我重新了解"步职有我"的机会。大一那一年的懵懂无知放下不谈，第二次接触"步职有我"，我有了更深的感触。活动开始之前，我跟着韩阳学姐在学工办"奋斗"了很多个夜晚，一直到活动开始的那一天，我们所有人都还是处于精神紧张的状态，一次又一次的确认细节，一次又一次的彩排，万幸，努力的人就会有收获——活动圆满结束。2017 年 12 月 14 日，《吉林日报》以《打造就业服务优质平台》为题，报道了吉林师范大学管理学院学生工作品牌建设项目"步职有我"校园应聘实战活动。

我没想过我还有再次遇见"步职有我"的机会，我也没想到，我成了第五季"步职有我"的组织者之一。

2018 年 11 月 14 日，学生工作品牌建设项目"步职有我"第五季在图书馆报告厅举办。在此之前，我和吴莹莹准备了很久，也紧张了很久，生怕学院的品牌活动"砸"在我们手里。海报、条幅、公众号、前期宣传、选手征集、聘请高管、PPT 制作、VCR 制作……我不记得为此奔波了多少个地方，更不在乎为此付出了多少，我只期盼，活动能够一直这样传承下去。值得庆幸的是，虽然活动过程中意外不断，倒也算是有惊无险，这次活动，就这样顺利完成了。但是，活动结束之后，我更多的感触是反思，相比前几季的学姐们，我们不够冷静，考虑也不够周全。虽然我已经参与了三季，但是总会有一些意外让人猝不及防，我们没能沉着应对，更没能让这次活动尽善尽美。我想，再给我一次机会的话，有一些细节，我会做得更好。但是，正如曾国藩先生所言："天可补，海可填，南山可移，日月既往，不可复追。"时间，是一场有去无回的旅行，我们只能向前走，不回头。不过，一些失败会为我们带来不一样的经验和教训。

天下难事，必作于易；天下大事，必作于细。在平时的学习和工作中，我始终坚持细致严谨，精益求精。"步职有我"的组织需要足够细致，因为细节反映全局，甚至细节可以决定全局。严谨的工作态度才是做好细节的前提条件，所谓严谨，就是认真到近乎苛刻，活动中每一个看似微小的细节，各处的衔接、每一个步骤的安排、每一件物品的摆放……都关系到整个活动。细节，不是细枝末节，而是用心。美国成功学大师戴尔·卡耐基曾说："一个不注意小事情的人，永远不会成就大事业。"细节是专业，注重细节是工作态度。工作从无小事，要把每一项工作当成义不容辞的责任，而非负担。不管大事小事忽略了细节都会给工作造成不同程度的影响或损失。

一个优秀的组织者，要想真正组织好一场活动，就要具备强烈的责任感和自觉性。机会往往是留给有准备的人的，只有充足的准备，在接到任务时才能不慌乱，才能把握住机会，做好事情。只有具备了强烈的责任感及自觉性，并且带着这种心态准备去完成任务，才能自然而然地产生自觉与自信，在不知不觉之中获得很大的进步。

组织工作要善于沟通。很多人觉得沟通是一件非常简单的事情，我们每天都在说话，听别人说话，打电话，发消息……都是在和别人沟通。但是说话是一回事，别人听懂是另一回事，别人听懂而且乐意照办又是一回事。沟通能力强的人，比较容易得到别人的帮助，比较容易办成事情，比较容易不会引起误会，办事效率比较高。组织一场活动需要面对很多人，跟很多人沟通，如果沟通稍有不畅就会产生冲突，导致活动效果打折。所以要想做好一件事，要具备良好的沟通能力，要注重说话精准度、语言组织能力、描述能力。"步职有我"的组织和很多其他工作，都需要很多人的共同努力来完成。那么，只要有人群，就会有团队，而只要有团队，就一定会有意见的分歧。世界上没有两片完全相同的叶子，也不会有未经商榷而任何意见都相同的两个人。所以，只有排除了内部的不确定因素，团队才会走得更远。

　　天波易谢，寸暑难留。时间是一个伟大的作者，它会给每个人写出完美的结局来。希望今后的日子里，我们都能少说些漂亮话，多做些日常平凡的事。成为一个更好的自己，才不枉来此世间走过一次。

附　录

"步职有我"比赛流程

一、初露锋芒

通过 VCR 初步认识一下选手，VCR 播放后参赛选手进行自我介绍。各位就业导师对选手的第一印象选择第一轮亮灯。

二、展示自我

选手通过 VCR 或现场表演的方式进行才艺展示，就业导师就选手的表现进行第二轮亮灯，选择支持继续亮灯，如果认为选手表现没有符合自己公司标准，进行灭灯。

三、职场测评

由选手现场随机抽取一道选择题，并进行作答，作答完毕，由现场就业导师对选手的表现进行点评。根据选手职场实战环节的表现，各位导师第三轮选择亮灯。

四、你来我往

结合几轮选手的表现，导师与学员做进一步交流和沟通，进入"你来我往"

环节。就业导师对选手的表现提出与之应聘岗位或有关专业的相关问题，选手也可以对导师所在企业岗位提出自己关心的问题。

五、意向签约

经过四轮选手的表现，以及各位导师与选手的交流，进入"意向签约"，在最后一轮各位就业导师对心仪的学员留灯。如果在两盏灯以上，学员可以有选择性地灭掉一位导师的灯，在最后一盏或两盏灯之间做最后的抉择。选手与意向企业进行现场签约，同时，大众评委对本轮选手的表现进行现场打分，评选出个人奖项。

"步职有我"活动照片

"步职有我"选手风采

"步职有我"第四季高管与选手合影

"步职有我"主持人风采

"步职有我"第五季活动现场

"步职有我"奖杯

"步职有我"奖章

"步职有我"奖章

"步职有我"选手风采

参考文献

［1］张洪峰，郭凤志．高校学生工作品牌内涵探究，［J］．教育理论与实践，2018，38（33）：38－40．

［2］张洪峰．高校学生工作品牌遴选与推广之我见［J］．吉林工程技术师范学院学报，2017，33（9）：39－41．

［3］刘赫鑫．新背景下高校学生工作品牌化创建探究［J］．中国培训，2016（24）：287．

［4］李鑫．以高校学生工作品牌建设促进教育品牌的外化［J］．现代交际，2016（18）：192－193．

［5］李雪梅，徐燕冰，赵平，陈争．浅议高校学生工作品牌的构建［J］．电子制作，2015（10）：203．

［6］吴晓琳．创建高校学生工作品牌的实证研究——以"绿网工作室"为例［J］．电子制作，2014（22）：98－99．

［7］王佳佳．浅谈高校二级学院创建学生工作品牌的实践与思考——以莆田学院护理学院为例［J］．黑龙江教育学院学报，2014，33（3）：12－13．

［8］陈桂兰．论高校学生工作品牌的建设［J］．南京工业职业技术学院学报，2014（1）：66－69．

［9］严园，韩旭．高校创建学生工作品牌的实践与思考——以金陵科技学院艺术学院"心·阳光"微公益活动为例［J］．文教资料，2013（8）：167－168．

［10］迟涵，李景国．高校学生工作品牌创建对策之思考［J］．改革与开放，2011（6）：165－166．

［11］李倩倩．网络口碑对高校学生品牌态度的影响因素研究［D］．广州：华南理工大学硕士学位论文，2010．

［12］肖永忠．关于高校打造学生工作品牌的若干思考［J］．管理观察，

2008（20）：164 – 165.

[13] 谢建平，唐红梅.论科技竞赛与高校学生品牌的打造 [J].科技广场，2007（2）：128 – 129.

[14] 彭庆红.论高校学生思想政治工作队伍的组织价值与性质 [J].思想教育研究，2011（8）：16 – 20.

[15] 胡绍林.略论发展性学生工作 [J].长江大学学报（社会科学版），2008（6）：113 – 115.

[16] 郭涛林，刘明远，郭艳培.高校院系级学生组织品牌化创建策略研究 [J].教育科学论坛，2016（14）：175 – 176.

[17] 戚加鹏，植璟涵.创建新时期高校学生党建工作品牌的若干思考 [J].青年与社会，2013（6）：11 – 12.

[18] 杜鹏.创建学生工作品牌，提升学生工作水平 [J].河南教育（高教），2013（4）：25 – 26.

[19] 林多贤.论品牌立校战略 [J].赣州师范学院学报，2006，27（5）：1 – 4.

[20] 刘赫鑫.新背景下高校学生工作品牌化创建探究 [J].中国培训，2016（24）：287.

[21] 孔川.高校学生党建品牌培育的思考与探索 [J].张家口职业技术学院学报，2013，26（1）：44 – 46.

[22] 甘桂阳.高校学生党建工作：问题透视与对策创新 [J].改革与开放，2010（18）：30 – 31.

[23] 孔川.加强大学生党建品牌建设，探索学生党建工作新机制 [J].连云港职业技术学院学报，2010，23（2）：78 – 80.

[24] 周鹂鹏.品牌定位与品牌文化辨析 [J].山东社会科学，2011（1）：117 – 120.

[25] 于洪良，张瑾琳.高校品牌建设刍议 [J].国家教育行政学院学报，2008，123（3）：65 – 67.

[26] 王云峰.以素质教育为核心的护理教育改革实践 [J].中国护理管理，2009，9（11）：39 – 41.

[27] 张孙峰，许杰.简论人的主体性与素质教育的关系 [J].教育科学，2003（3）：8.

［28］张继宁，王云峰．大学生的理想信念与思想政治教育［J］．中国医药卫生，2005（12）：21-23．

［29］邱伟光．新世纪以教育为核心的素质教育之再认识［J］．教育科学，2001（3）：6-8．

［30］陈树生，秦华．论大学品牌定位与塑造［J］．黑龙江高教研究，2006（2）：4-6．

［31］张凤辉．论大学的品牌战略［J］．河北师范大学学报（教育科学版），2005，7（2）：103-108．

［32］刘道玉．关于大学创造教育模式的构建［J］．教育发展研究，2000（12）：42-46．

［33］鲁良．论学生工作的品牌战略［J］．教育科学学报，2008，7（1）：89-91．

［34］吴结，余嘉强．比较视野下的电大教育品牌评估体系研究［J］．厦门广播电视大学学报，2009，12（4）：5-8．

［35］毕继东．网络口碑对消费者购买意愿影响实证研究［J］．情报杂志，2009（11）：46-51．

［36］孙春华，刘业政．网络口碑对消费者信息有用性感知的影响［J］．情报杂志，2009（10）：51-54．

［37］刘玉玲，戴春林．论网络消极口碑传播心理影响因素［J］．重庆文理学院学报，2009（3）：124-126．

［38］郭海清，申秀清．论网络口碑营销及其策略运用［J］．内蒙古农业大学学报（社会科学版），2009，11（2）：101-102．

［39］黄莹．"网络口碑"的负面效应影响与应对策略研究［J］．中国商界，2009（4）：93．

［40］张静．开启社区营销新法刍议［J］．职大学报，2009（1）：99-100．

［41］李景国．高校学生管理工作品牌创建［J］．重庆与世界（学术版），2014（4）：87-89．

［42］余海龙．高校思想政治教育工作品牌培育的思考［J］．安徽工业大学学报（社会科学版），2014，31（2）：147-148．

［43］金昕．大学生思想政治教育工作品牌培育及实现路径［J］．思想理论教育，2012（23）：80-83．

［44］胡晶，张洪峰．优秀学生工作品牌的创建路径研究［J］．吉林广播电视大学学报，2017（6）：25－26.

［45］杨铭铎．努力创新高校学生工作［J］．中国高等教育，2003（7）：43－44.

［46］金立印．网络口碑信息对消费者购买政策的影响：一个实验研究［J］．经济管理，2007（22）：36－42.

［47］徐琳．网络口碑可信度影响因素的实证研究［J］．财贸研究，2007，18（5）：113－117.

［48］刘树鑫，陈思．高校学生基层党建工作品牌研究：存在的问题及对策［J］．教育教学论坛，2016（33）：29－30.

［49］王成树，李迪，徐聪聪．高校学生党建工作品牌化建设的探索与实践［J］．改革与开放，2016（11）：110－112.

［50］王焕清．论共青团工作品牌的构建与创新——广州市共青团"大拇指行动"研究［J］．中国青年社会科学，2011（1）：14－18.

［51］曹培庚．新形势下高校基层学生党建工作的探索［J］．思想教育研究，2012（2）：56－58.

［52］杨露．高校党建工作品牌创建的理论与实践探讨——基于 H 高校的案例分析［J］．理论导刊，2014（2）：62－64.

［53］施小明，袁媛，尚娅．基层党建品牌科学化研究［J］．上海党史与党建，2012（6）：36－38.

［54］李风啸．培育高校党建工作品牌的实践研究——以中国计量学院现代科技学院为例［J］．思想教育研究，2015（7）：58－61.

［55］杭天珑．基层党建品牌建设问题探讨［J］．上海党史与党建，2008（5）：33－34.

［56］习近平．把思想政治工作贯穿教育教学全过程并开创我国高等教育事业发展新局面［N］．人民日报，2016－12－09（1）.

［57］习近平．鼓励基层改革创新大胆探索　推动改革落地生根造福群众［N］．人民日报，2015－10－14（1）.

［58］郭济汀．高校党建工作品牌化建设探析［J］．思想理论教育，2014（4）：74－77.

［59］赵健．高校学生党员岗位实践育人模式研究［J］．思想教育研究，2015（7）：54－57.

［60］中共中央国务院．关于进一步加强和改进大学生思想政治教育的意见（中发〔2004〕16 号文）．

［61］彭庆红．论高校学生思想政治工作队伍的组织价值和性质［J］．思想政治教育研究，2006（8）：19 – 22.

［62］胡绍林．略论发展性学生工作［J］．长江大学学报（社会科学版），2008（6）：113 – 115.

［63］唐·E. 舒尔茨．整合营销传播：创造企业价值的五个关键步骤［M］．北京：清华大学出版社，2013.

［64］王丽娟．教育规划纲要视域下大学生党建工作新思路［J］．高校党建与思想教育，2012（26）：29 – 32.

［65］余明阳．品牌学［M］．合肥：安徽人民出版社，2004.

［66］覃浩．党建品牌建设的认识与思考［J］．广西电业，2009（1）：66 – 69.

［67］袁洁．优秀党建工作品牌的创建路径［J］．理论观察，2013（8）.

［68］顾南宁，杨毅，周诗文．高校党建文化建设与校园文化建设互动的探索［J］．沈阳建筑大学学报（社会科学版），2011，13（2）：217 – 220.

［69］沈银花，苏国红．以校园文化为支撑的高校党建工作新思考［J］．社科纵横，2010，25（6）：159 – 160.

［70］郑支农．论高校党建和校园文化建设的良性互动［J］．合肥师范学院学报，2013，31（5）：96 – 99.

［71］王清．创新党建工作品牌化建设［J］．内蒙古煤炭经济，2013（11）：72 – 73.

［72］陈昕．高校基层党建工作品牌化建设的探索与实践［J］．长江丛刊，2015（34）：96 – 97.

［73］于丽荣．高校基层党组织运行机制创新研究［J］．党史博采（理论），2016（4）：30.

［74］苏俊杰，刘彬．论提升高校基层党组织执行力的有效途径［J］．中国校外教育，2007（10）：25.

［75］肖丽花，林亚芳．高校基层党组织在创新人才培养中的作用研究［J］．科学中国人，2016（12）.

［76］戴卫东．我国少数民族地区社会保障研究及其评价［J］．西南民族大学学报（人文社会科学版），2012，33（2）：18 – 22.